そのとき、本が生まれた

L'ALBA DEI LIBRI
Quando Venezia ha fatto leggere il mondo

アレッサンドロ・マルツォ・マーニョ 著
Alessandro Marzo Magno
清水由貴子 訳
Yukiko Shimizu

柏書房

L'ALBA DEI LIBRI
Quando Venezia ha fatto leggere il mondo
by Alessandro Marzo Magno

Japanese translation rights arranged with
Vicki Satlow Literary Agency
through Japan UNI Agency, Inc., Tokyo

TRIVMPHVS

ce ligatura alla fistula tubale, Gli altri dui cũ ueterrimi cornitibici concordi ciascuno & cum gli instrumenti delle Equitante nymphe.

Sotto lequale triũphale seiughe era laxide nel meditullo, Nelq̃le gli rotali radii erano infixi, deliniamento Balustico, gracilifcenti seposa negli mucronati labii cum uno pomulo alla circunferentia. Elquale Polo era di finissimo & ponderoso oro, repudiante el rodicabile erugine, & lo incẽdioso Vulcano, della uirtute & pace exitiale ueneno. Summamente dagli festigianti celebrato, cum moderate, & repentine riuolutiõe intorno saltanti, cum solemnissimi plausi, cum gli habiti cincti di fasceole uolitante, Et le sedente sopra gli trahenti centauri. La Sancta cagione, & diuino mysterio, inuoce cõsone & carmini cancionali cum extrema exultatione amorosamente laudauano.

**
*

グーテンベルクの四十二行聖書と並び称される『ヒュプネロトマキア・ポリフィリ』（ポリフィルス狂恋夢）の中面。作者はドミニコ会修道士のフランチェスコ・コロンナ。1499年、ヴェネツィアで、アルド・マヌーツィオによって刊行された。 *DEA/G. DE VECCHI*

フランチェスコ・グアルディ作『リアルト橋を望むカナル・グランデ』。本文中の『カナル・グランデとリアルト橋』の画家による同時代の作品。人気作家ピエトロ・アレティーノが暮らしたのは、この橋に程近い一角だった。 *De Agostini/Getty Images*

「出版界の革新者」アルド・マヌーツィオ。現在も使われているイタリック体や文庫本は、彼の時代にまでさかのぼることができる。マヌーツィオは出版に携わった20年の間、ひとりで132冊もの本を刊行している。　*Leemage*

当時の人気作家、ピエトロ・アレティーノ。彼は35歳の時、ヴェネツィアにやってきたが、史上初のポルノ文学などを著し、作家としての名声を確立する。この肖像画は1545年、彼が53歳の時に、ティツィアーノによって描かれたもの。　*DEA PICTURE LIBRARY*

そのとき、本が生まれた　目次

15〜16世紀のヨーロッパ

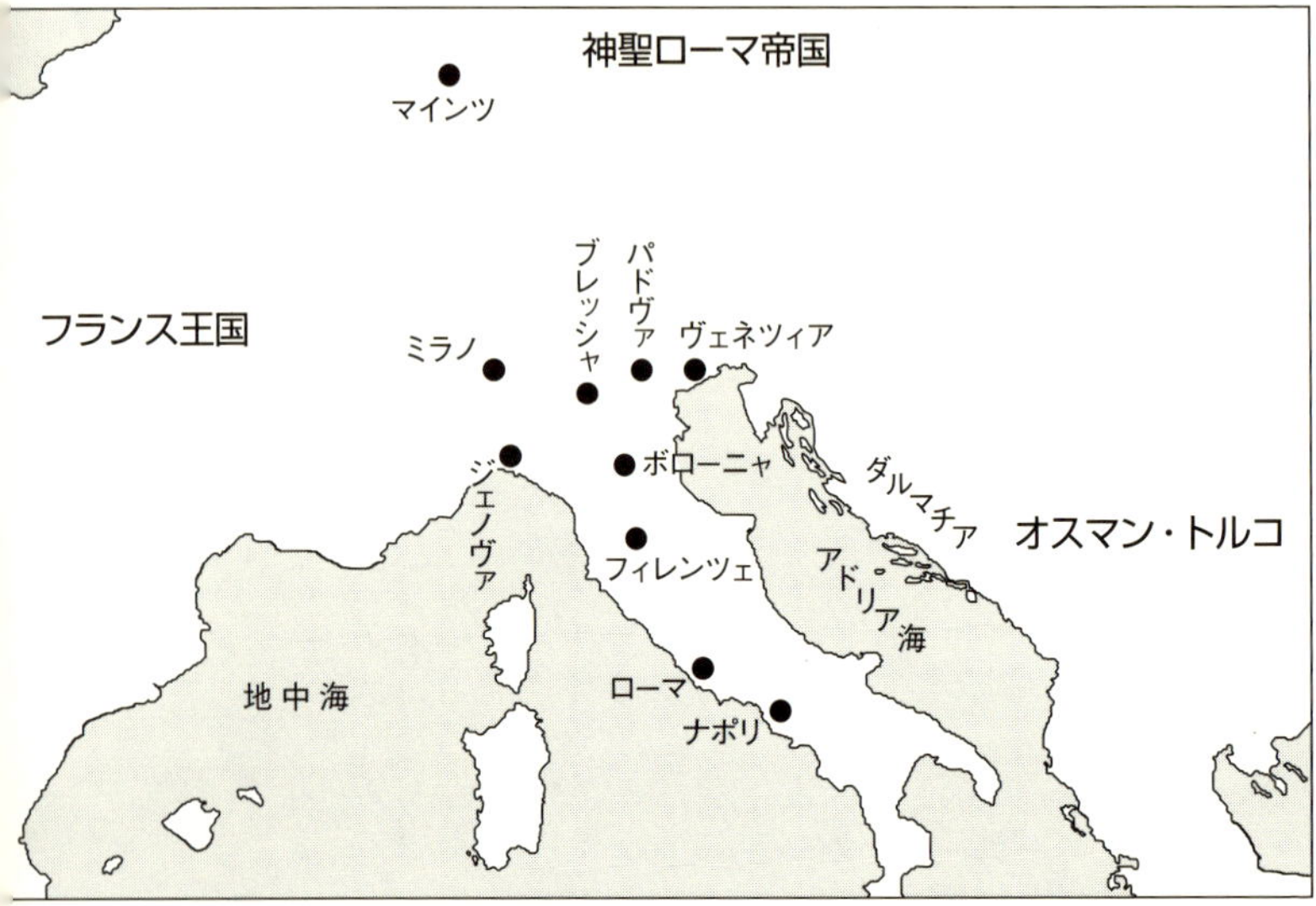

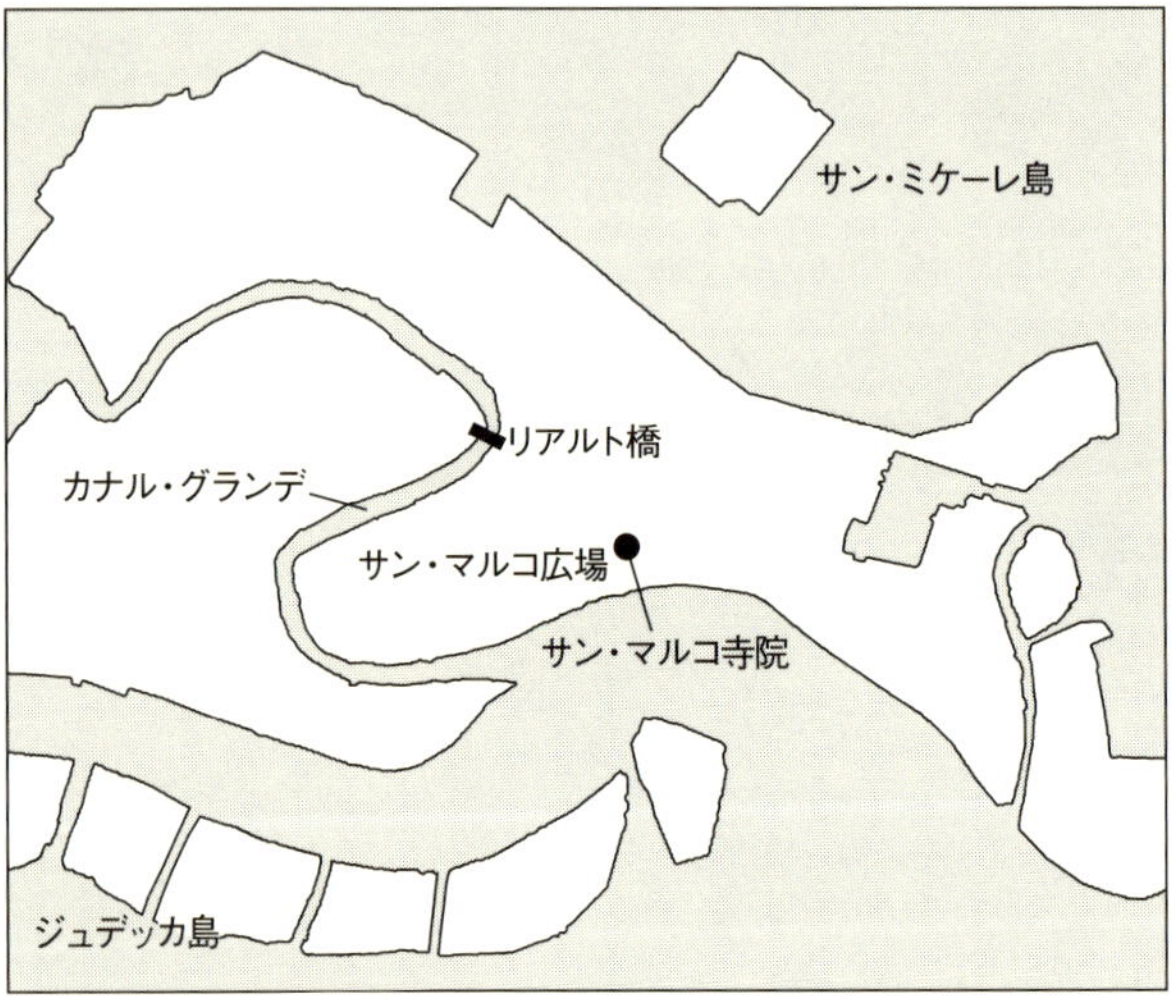

ヴェネツィア

そのとき、**本**が**生**まれた

犬を除けば、本が人間の最良の友である——グルーチョ・マルクス

第一章　本の都、ヴェネツィア

二十一世紀のこんにち、リアルト橋からサン・マルコ広場へ行くにはメルチェリエと呼ばれる路地を行く。ひしめく店のショーウィンドウには、イタリアが世界に誇る逸品が並んでいる――靴、服、ハンドバッグ、そしてアクセサリー。グッチがブティックを構え、真っ赤なフェラーリ・ショップには本物のF1レーシングカーが展示されている。

時代を遡って一五二〇年に同じ通りを歩いたとしても、やはりすぐにわかるだろう。五世紀を経てもこの地区はほとんど変わらず、とりわけ店のにぎわいは当時のままだ。現在のメルチェリエが「メイド・イン・イタリー」の商品を陳列しているなら、当時はそれよりも価値のある「メイド・イン・ヴェニス」の商品が誇らしげに飾られていた。現代のイタリアは世界第七位か八位くらいの産業国だが、十六世紀のヴェネツィアは表彰台の常連だった。当時のヨーロッパで人口が十五万を超える巨大都市は三つ、すなわちヴェネツィア、パリ、ナポリのみだった。

では、十六世紀のメルチェリエの店――しばしば工房と住居を兼ねていた――には、どのような商品が並んでいたのだろうか？　たとえば生地。ビザンチン帝国時代から受け継がれた秘伝の製法で赤く染めたみごとな織物は、ヴェネツィアの特産だった。あるいは「金革」――金箔を貼って模様を浮き彫りにした革のことで、邸宅の壁を飾るために使われた。これはムーア人に征服されたスペインから伝わったイスラム伝統の技術の賜物である。それから、とにかくたくさんの武器。中央ヨーロッパの富豪や君主にとっては必需品で、メイド・イン・ヴェニスのこのうえなく高価な鉄で武装しなければ戦いに赴くことはできなかった。付近には、いまでもスパダリア（〝spada〟〔剣〕に由来）やフレッツァリア（〝freccia〟〔矢〕）など、当時の名残りを表わす名前の通りがある。

だが、なかでもよそから訪れた人々の目を引いたのは本だろう。ヨーロッパの他の都市では類を見ないほど、たくさんの書店がここヴェネツィアに集まっていた。実際のショッピングツアーの様子が記された史料も残っている。たとえば歴史家のマルカントニオ・サベッリコの書では（時代が時代なら、彼は著作権の恩恵にあずかることができた）、ふたりの友人がリアルト橋のたもとにあるドイツ人商館から、まっすぐサン・マルコ広場へ向かおうとするが、半分も行かないうちに、店頭に並べられた本の目録に気を取られて足踏みしている（ドイツ人商館はトルコ人商館とともに現存し、当時はさまざまな商品が陳列・販売されると同時に、中央ヨーロッパで普及していたドイツ語を話す商人の活動を支援する場でもあった）。

その活況たるや、それより六十五年ほど前の一四五二〜五五年にかけてグーテンベルクが聖書を印刷したドイツを凌ぐほどだった。実際、十六世紀前半のヴェネツィアでは、ヨーロッパ中で出版された本のじつに半数が印刷されていた。さらには数だけでなく品質にもすぐれ、「彼の地の印刷者のつくる本は豪華で美しかった」[1]。十六世紀のヴェネツィアで出版業が栄えていなかったら、こんにち私たちが手にしている本も、ふつうに話しているイタリア語も、この世には存在しなかったかもしれない。現在のイタリア語はトスカーナ出身のダンテやペトラルカ（訳注：十四世紀の詩人、学者）の作品に基づいているが、その事実を現代にまで知らしめているのが、ヴェネツィアにおいて人文主義者のピエトロ・ベンボが監修し、学術出版の祖と呼ばれるアルド・マヌーツィオ（第二章で詳述）が印刷した版である。

　では、ずらりと並ぶ書店のひとつをのぞいてみることにしよう。書籍の販売については、ウーディネ大学で図書館学を研究するアンジェラ・ヌオーヴォの著作（『ルネサンス期イタリアにおける書籍取引』）のおかげで、当時の様子が手に取るようにわかる。商品の一部は店の外に陳列されている。台の上には、古典ラテン・ギリシャ語（当時は広く普及していた）や宗教関連の本（聖書や注釈書）の表紙が並んでいる（盗難防止のために表紙だけ）。そして、近い都市のみならず、生涯でけっして出会いそうにない人々が暮らす遠い地までを網羅した地図。それから異国の言葉で書かれた本。当時のヴェネツィアは現代のニューヨークにも匹敵する人種のるつぼで、外国語を話す人々であふれかえっていた。アルメニア語の本、ボヘミア語の聖書、グラゴール文字（中世クロアチアのアルファベット）やキリル文字の書物、そして、一五一六年にヴェネツィアのユダヤ人街が建設されたことを考えれば、言うまでもなくヘブライ語の本も数多く見受けられる。ほとんどの書店は工房、すなわち印刷所も兼ねているため、書店に並ぶ本の大半は印刷者兼発行人の作品である。店の外の台や入口のわきには、かならずと言っていいほど出版・販売されている書籍の目録が置かれたり吊るされたりしている。通常は半分に折りたたまれた紙が三〜四枚重なったものだ。文房具店を兼ねた店もあり、手書きの本のほか、それを書くための紙、インク、ペンも売っている。印刷の時代になると、そうした文房具店に並ぶのは著者の机の上で書かれ、印刷機から出てきた書物のみになる。

今度は店内を見てみよう。ショーケースには本を陽ざしや雨から守るためのカーテンがついているが、開けっぱなしになっている。透明なガラス板をつくる技術が発展するのは数世紀後のことだ（十六世紀の窓は鉛にはめこまれた小さなガラスの円板だった）。ケースの場合は万引きの心配がほとんどないため、本はそのまま展示されている。綴じていないページが積み重ねられたものや、よく見えるように書見台に立てかけられた装丁本もある。本はあいかわらず貴族のためのもので、値段も高く、見栄えをよくするために、各章の冒頭には植字工が空白にしておいた部分に装飾大文字を挿入するため写本装飾家が活躍した。ページ内の各段落の頭は、見出し制作者《ルブリカトーリ》と呼ばれる職人によってデザインされたもう少し小さな装飾文字になっている。なかには木版画の挿絵を用いた、聖職者が見たら眉を吊りあげるような内容の本もある。代表的なのが、男性器を表わしたフランチェスコ・コロンナの『ポリフィルス狂恋夢』や、一五二七年にヴェネツィアでひそかに出版されたピエトロ・アレティーノの『色情ソネット集』などで、とりわけ十六の体位のイラストが描かれた後者は、当時の読者にとってはポルノ以外の何物でもなかった。

工房兼店舗の中の様子は通常の書店とは異なる。十六世紀の本は基本的にページ売りで、買った人が自分の好きなように製本する（それだけでなく細密画や題名を描き入れる）。高価な生地や金属を用いた、まさに芸術作品とも言うべき装丁もある。修道院向けの本は羊皮紙を使った質素なものだが、それでも枚数を考えるとかなり値が張る。ばらばらのページは保護するために青い紙に包まれ、壁ぎわの棚に積み重ねられている。それぞれに貼られたラベルを見れば、タイトルや著者は一目瞭然だ。数は少ないが、すでに製本された本――いわゆる「古本」――もあり、店内の目立つ場所に置かれている。同じ本で製本されていないものにくらべると値段は二倍で、そのことからも製本が最終的な価格にどれだけ反映されるかがわかる。これらの本は立てて陳列してあるが、こんにちとは逆に、背ではなく小口（訳注：背と反対側の裁断面）が見えるように並べられている。棚の本はどれも似たような紙でつくられ、あるものは縦に、あるものは横に「最も場所を取らないようにぎっしりと」詰めこまれている。[2] 装丁を頼りに本を見つけることは不可能で、何とも不親切だ。現存する昔の本の多くは、タイトルと著者名が小口に刻印されている。したがって書店主の役割は、本の内容を説明するだけでなく、目当ての本を見つけて棚から出してくることも含まれる。当時の書店の様子が描かれた絵は、主人が客に熱心に説明する構図がほとんどだ。

　店主はカウンターに陣取り、その前の書見台には、見出しで内容がわかるように新聞が立てかけられている。カウンターの上は雑然としており、インク壺やペンなど、毎日の店の経営に使うものが並んでいる。引出しの中は、ほとんどが帳簿や経理の書類だが、言うまでもなく人目をはばかるものも隠してある（宗教改革に関する書物かもしれないが）。

　船楼に立った船長のごとく、カウンターの書店主は公序良俗に反した行為を防ぐために店内の様子を隈なく監視し、会話に耳をそばだてる。ルネサンス時代の書店では知識人どうしが顔を合わせ、話に花を咲かせて、しばしばアカデミーを思わせる場だったという記録が多く残されている。

鍵を握るのは商品の品揃えだ。客が通りに貼り出された、あるいは外の陳列台に置かれた目録を見て惹かれるものがあれば、現代と同じく棚を見ながら店内を歩きまわるかもしれない。本の分類について正確なところはわからないが、法律書だけは他の本とは別格扱いで、それは価格を見ても明らかだ。「商業的な価値、威光、単なるページ数のいずれにおいても、ヴェネツィアの出版業界で法律書は他の分野を寄せつけなかった(3)」。

当時の帳簿が残っているおかげで、ルネサンス期のヴェネツィアの書店の日常を知ることもできる。フランチェスコ・デ・マーディは、一四八四年五月十七日に書店〈ゾルナーレ〉を開いた(それから約四年後の一四八八年一月二十三日に閉店している(4))。フランチェスコが実際にこの日から商売を始めたのか、あるいは単に古い帳簿が埋まって、新しい帳簿に記入しはじめただけなのかはわからないが、店内には三百八十タイトル、合計で千三百六十一冊の本があった(つまり一タイトル当たり平均三・五冊)。ただし、聖書とミサ典書など一部の書物は通常よりも多く置かれている(一四八二〜一五九六年にかけてまとめられた十六の大手書店の在庫目録によれば、店に並んだ本は百四冊から最高三千四百冊までで、一タイトル当たりの平均冊数は一・八〜六・八冊。固定資本化しないように、できるだけ冊数を抑えていたことがわかる(5))。

フランチェスコ・デ・マーディの本棚の四分の一は古典ラテン語で、ギリシャ語の本や、ボッカチオ、ダンテなど、古典に分類される中世の高尚な人文学作家の作品の横に並べられた。こうしたコーナーは、おもに人文主義の教師向けで、学校で教えられていないギリシャ語の文法書はあったものの、ラテン語の文法書は生徒のために確保されていたため店頭にはいっさい並んでいなかった。次に割合で多いのは宗教関連の書で（二十パーセント）、聖書や注釈書、教父の著書、説教の選集、神学書に典礼書などが並んでいた。これらもやはり専門家向けで、読むのはもっぱら聖職者に限られた。そしてお待ちかね、大衆向けのコーナーには娯楽文学、すなわち俗語で書かれた本が置かれていた（十六パーセント）。占めるスペースは比較的狭いものの、タイトル数は多く、分野も多岐にわたった――信仰の話、騎士物語、ペトラルカにボッカチオ、古典ラテン語作品の翻訳（リウィウス、キケロ、オウィディウス）、それに変わったところでは算数の入門書などもあった。商業が盛んな都市では勘定の入門書は重要で、人文主義の教育ではラテン語で数学を学ぶことはないために俗語で書かれていた。次は法律書。種類は少ないものの（七パーセント）、ルネサンス時代の書店には欠かせなかった。注釈書、判例集、学術書などは高価で、冊数の割には目立つ場所に並べられていた。まったく本が売れない月もあれば、ひとりの客が大量に購入して金貨で支払うこともある。たとえば一四八五年九月は売上げが少なく、三十九・五ドゥカート（訳注：ヴェネツィアで一二八四年に鋳造された金貨で、一七九七年までヨーロッパ各地で流通）だったが、その三分の一、すなわち十二・五ドゥカートはひとりの客が購入した法律書七冊分の代金だった。法律書は紙代がかかるため、小さな印刷所にはなかなか手の届かないものだったが、出版社にとっては確実な収入源だったことは間違いない。(6)

フランチェスコの書店には、ほかにもスコラ哲学の書、ラテン語の文法書、大学用の哲学および医学の教科書などがあった。ヴェネツィアには大学はなく（訳注：ヴェネツィア大学は一八六八年に創立）、近くに世界最古のボローニャ大学に次ぐ歴史を持つパドヴァ大学があるだけだったが、それでもこうした分野の学問は盛んだった。店の隅の本棚には、分類されていない本や製本された本——古本——がひっそり置かれていた。古本といっても、現代のように古くて安価なイメージとはまったく異なる。値段は装丁の価値によって決まり、そのうえで保存状態も考慮される。古本が大量に出回り、現在のように価格が安くなったのは十六世紀も終わり近くになってからのことだった。同世紀前半までは、「価格の点でも、それゆえ品揃えも古本は新品の本にかなわなかった」[7]。

四年間の営業の成果を総括すると、一万二千九百三十四冊の本が売れ、売上げは合計四千二百ドゥカート（金十四・七キロ分）だったが、月によってまちまちで、最も少なかったのは一四八五年十月の六十冊、逆に最多は八七年五月の五百三十五冊。月間の売上げも十三〜二百十ドゥカートとばらつきがあった。フランチェスコ・デ・マーディは製本を四人の職人に依頼していた。製本された本の一部は、毎年春にサン・マルコ広場で開かれるキリスト昇天祭の見本市に出品するためのものだった。だが、こうした特別の機会には人気の本を安く手に入れることができ、ほかにもさまざまな出版物がある。したがって二週間の祭りのあいだ、フランチェスコはほとんど売上げがなかったも同然で、常連客は努めて店まで足を運ぶようにしていた。祭りへの参加は義務ではないとすると、フランチェスコをはじめ、ヴェネツィアの書店主たちは参加していなかった可能性が高い[8]。いずれにしてもキリスト昇天祭は「通りがかりの人や、日ごろ本を読まない人など、ふだんとは違う客が訪れる機会となった」[9]。

ヴェネツィアの出版市場は非常に活気があり、街では年がら年中、見本市のようなものが開かれていた。ヨーロッパの二大書籍見本市であるリヨンとフランクフルト（後者は現在も世界最大の規模を誇る）でも、十七世紀はじめまではヴェネツィアの出版社や書店の参加が大半を占めていたものの、やがてライバルのアントワープが取って代わった。「イタリアでは、わざわざ見本市へ赴いて本を調達する必要はなかった。さまざまな史料にも記録されているように、ヴェネツィアにはあらゆる分野の本がつねにあふれかえっていた。たいていの場合、本を大量に購入しようとする人は、運河を通ってあちこちの書店を回る」[10]。したがって、ヴェネツィア共和国では工房や文房具店は学者や通りがかりの人だけでなく、他の都市の書店主も本を調達するために訪れていた。フランチェスコ・デ・マーディの帳簿には、明らかに上客と思われる六十四名の顧客が記されており、その大半は同業者だった。

十六世紀には書籍の販売点数が増加する傾向が見られたが、タイトル数こそ増えたものの、それぞれの印刷部数に変化はなかった。「書店主は在庫の数だけでなく、製本などの付加サービスでライバルを打ち負かそうとした[11]」。

書店主たちは客の好みの本を提供することで売上げを伸ばそうと努力したが、十八世紀末までは、読書は依然として限られた人のためのものだった。十八世紀のドイツでは、本を読む人の割合は総人口のおよそ一・五パーセントで、読書の習慣が普及するのは次の世紀になってからのことだった。それに対して、十六世紀のヴェネツィアでは、六～十五歳までの男子の四分の一が学校へ通っていた[12]。これは他のどの都市よりも高い割合で、本に対する関心の高さを物語っている。

十六世紀には、現代のように本のカバーに価格が表記されているわけではなかった。「同じ作品のそれぞれの版に対しても、値段を決めるためのルールは存在しなかった」[13]。すべては交渉次第で、多くの場合、中近東のバザールのように書店の主人と客とのあいだで行なわれる短いやりとりで決まった。したがって価格は工房によって、客によって、そして日によって変わる。さらには身分によっても割引率が異なった。たとえば、フェデリコ・コルネルという大貴族は、フランチェスコ・デ・マーディの店で他の客よりも二十〜三十パーセント安く購入している。当初、領収書には価格がきちんと記されていたが、次第に印刷所も書店も明記しなくなった。おそらく価格を操作する幅を残しておきたい業者からの圧力があったと思われる。こうした例は枚挙にいとまがない。一五〇二年には、ドイツの哲学者ヨハン・ロイヒリンがかの有名なマヌーツィオに手紙を書き、ドイツのプフォルツハイムでは彼の出版した本がヴェネツィアよりも安く手に入ることを報告している。

いずれにしても、手書きから印刷された本へと移行したことで価格の崩壊は避けられなかった。植字工の収入をひと月当たり三〜四ドゥカート、校正者は五〜六ドゥカートとすると、二百ページの豪華な手書き本は約二十六ドゥカート、それより安価な本でも四〜十四ドゥカートの値がつけられていた。それにくらべればかなり安かったものの、注釈付きのダンテの本（一ドゥカート）もあいかわらず贅沢品だった。一方で広く普及している本は、学校向けのラテン語の文法書がわずか六ソルド（リラの下の単位で、一ドゥカートが六リラすなわち百二十ソルド）、ボッカチオの俗語による大衆作品でも十ソルドだった[14]。

当時のヨーロッパは中小の独立国家に分裂し、それぞれ貨幣単位が異なっていたため、物価のばらつきも大きかった。その結果、両替の複雑さを解消するために物々交換に基づいた取引の制度が生まれた。おかげで本は本と交換するだけでなく、小麦粉やワイン、油などとも交換することができるようになった。また、文房具店は掛け取引を行なうようになり、複式簿記の使用が普及した。これは十三〜十四世紀前半にかけて、ジェノヴァとフィレンツェとヴェネツィアの三国で採用された計算方法である。この複式簿記を最初に理論化したのは——実質的には「発明者」——ラグーサ（ドブロヴニク）の商人、ベネデット・コトルリ（クロアチア語でBenko Kotruljić）だった。長らくナポリ王国の裁判官を務めた彼は、十五世紀後半に著書を記し、死後百年以上たった一五七三年にヴェネツィアの〈デッレファンテ〉社から出版された。その『商売技術と完全な商人』によって、ヨーロッパに複式簿記が広まり、のちにルカ・パチョーリによってまとめられることになる。いずれにしても、ルネサンス時代のヨーロッパでは、複式簿記と商業と印刷の普及においてヴェネツィアは群を抜いた存在だった。

その間にも、書店の顧客のあいだでは、いわゆる「フランクフルト税」が定着していた。大学や図書館などの大口の購入者がフランクフルトの見本市で定価を伝え、それによって各都市の小売商の要望を却下したのだ。[15]「すでに製本されているもの、あるいは羊皮紙に印刷されたものは、価格がほぼ固定された[16]」。前者の場合、書店主は製本にかかるコストに基づいて明確に価格を決める必要があり、後者は原料の価格が他の条件よりも優先された。

紙のコストは本の値段の五十パーセントまでで、使用枚数も印刷機一台ごとに一日三リーム（千五百枚）と定められていた。[17]羊皮紙の価格は通常の紙の五倍だが、価格自体が時代とともに大きく変化している。十六世紀の初頭からは紙の需要が増えはじめ、製紙工場は価格を下げざるをえなかった。印刷工は紙の購入で借金をするため、多くの場合、製紙業者は債権者となり、印刷が終わるまで一度に一リーム（五百枚）ずつ与えて、万が一のときには印刷所の管理を引き受けるのが慣わしとなった。実際、初のコーランを出版した〈パガニーニ〉社の場合のように、原料を扱う「白い紙」の卸商人が「黒い紙」（印刷されたもの）も取引するのは珍しいことではなかった。

設備の中で比較的安価だったのが印刷機だ。「馬車馬」とも呼ばれた印刷機は、ワインづくりに使用される圧搾機の原理に基づいて開発された。一四八〇年ごろに可動式の印刷機が導入されると、印刷の速度が飛躍的に上がる。十五世紀には一日当たり三百枚だったのが、十六世紀末にはその四、五倍にまで達した(18)。一方、活字にはきわめてコストがかかった。活字を彫るには特殊な技術を要し、彫金師がその作業に当たったため（かのグーテンベルクも金銀細工師だった）、それに応じて賃金を支払わなければならなかった。ほとんどの印刷工は自立しているとは言えず、鋼製活字、銅の鋳型、鉛、錫、アンチモンの合金などの製作は外部に発注していた。こうして少しずつ発展した技術は、一五四〇年にフランス人のクロード・ガラモンがヨーロッパのほぼすべての活字を製作したことで大きな転機を迎える(19)。

印刷には三人の力が必要だった――植字工、インク工、そして印刷工である。小さな工房がたいてい六人で作業を行なう一方で、三十～四十人の作業者で七、八台の印刷機を使いこなしている大規模な印刷所もあった。特殊な技術を要するのは植字工だけで、当時の風刺によれば、他のポストに空きが出ると失業者や生活に困った学生が雇われたという。[20]したがって、植字は実入りのよい職業だった。一四七五年のパドヴァでは、植字工に毎月三ドゥカートが支払われ、さらに一ドゥカート分の本が支給されていた（これを転売することも可能）。三ドゥカートといえば水道技師の一カ月分の賃金に相当する。ヴェネツィアのようにラグーン上にあり、川や運河の流れを管理して生活しなければならない街では、水道技師はなくてはならない存在だったことを考えると、かなりの高給と言えるだろう。一方、見習い職人の賃金は熟練工の十分の一で、三年間食事と部屋が無償で提供された。[21]たえず変動する食料品の価格は雇い主と見習いのあいだの口論の原因となったが、その関係をたとえるなら、さながらけちな夫とヒステリックな妻といったところだろうか。ちなみに、原稿の校正者は月に四〜六ドゥカートを受け取っていた。

言うまでもなく、こうした賃金の額は本の価格に大きく影響していたが、ほかにも活字を作るための金属など、さまざまな要素が挙げられる。活字はすぐに磨耗してしまうため、頻繁に作り直さなければならなかった。小さな工房では、すでに印刷された本を三分の一の価格で作り直すこともあったが、「意欲的な出版社は手書きの原稿を入手して、専門家を雇って監修させ、可能なら校正者にもチェックさせた。原稿の借り賃や購入費はそれほどかからなかった[22]」。したがって利益率は五十〜百パーセントと高く、印刷部数が三百〜四百部でもかなりの収益となった。とはいうものの、利益の回収は時間がかかるうえに不確実で、おまけに書店が十パーセントの手数料を取るために、わずか一、二冊出版しただけで店をたたむ工房も少なくなかった。印刷所どうしの競争は、おそらく利益率よりも技術によるところが大きかったが、その一方で廃業の割合がきわめて高い事実は、実際に競争に生き残れるのはごくわずかで、印刷機や活字を入手するために多額の借金を背負う印刷所は幻想を抱いていたことを物語っている。フランスの活字製作者、ニコラ・ジャンソンの死後には四千ドゥカートの遺産が残された。これはかなりの額だが、一年間、香辛料の取引に従事した場合のわずか十分の一に過ぎない[23]。年代記者のマリン・サヌードがジャンソンについて「裕福な印刷工と付き合いたかったにちがいない」と書いたことからも、現実は明らかに薔薇色とは言いがたかったようだ[24]。

十六世紀後半になると、異端審問の恐怖が忍び寄り、本は没収されて出版人は断罪された。一五六八年には、ロンバルディア地方のブレッシャの書籍商人が延々と惨状を嘆いている。いわく、八年間も重い負債を抱え、書籍の市場はすっかり活気を失い、日々新たな作品が発禁処分となり、その年に出版された本が焼却を免れるには魚を包むのに利用するほかはなかったという。一四七八年にヴェネツィアで出版された聖書（二百八十一ページで九百三十部）の場合、出版人は原料費と人件費で四百五十～五百ドゥカートを負担している。一五八〇年に刊行された、合計五六五ページに及ぶ全五巻の作品（千二百五十部）に至っては、印刷所の負債は千九百二十ドゥカートだった[25]。

だが、もちろん悪いことばかりではない。出版という新たな産業が産声をあげるとともに、本の一大ブームが巻き起こった。一四七三年、すなわちヴェネツィアに印刷技術が伝わってからわずか四年後には、すでに供給過剰の危機が訪れている。倉庫には売れ残った本が山と積まれ、出版予定の本のうち、六十五パーセントが中止に追いこまれた（その年までの二年間で、刊行点数は百三十四冊にも及んだ)。危機はそれだけではなかった。フィリッポとヤコポ・ジュンタの証言によれば、一五六三年には本は食品を包むのに使用されていたという[26]。その直後から本の価格の下落が始まり、キリスト昇天祭の見本市のところでも触れたように、とりわけ人気の古本はその傾向が強かった。これには戦争やペストといった外的な要因が影響している(一五〇九年五月十四日、ヴェネツィアはカンブレー同盟戦争で完敗し、その後数年にわたって本土の主権を失った。また一四七八年と一五七六年にはペストが大流行した)。

一四六九年から十五世紀末にかけては、百五十三の印刷所が四千五百点を印刷している。一点につきおよそ三百部が刷られ、ヴェネツィア中の印刷機が合計で百三十五万部を印刷した計算になる。これはヨーロッパ全体の本の発行部数の十五パーセントに当たる(控えめに見積もって)[27]。現在の推定では、グーテンベルク聖書の部数は約二百部、ヴェネツィアではじめて出版されたキケロの『友人・家人宛書簡集』の初版は百部となっている。ちなみに、この本は初版が完売し、三カ月後に第二版が三百部印刷された。

十六世紀には、少なくとも六百九十の印刷所および出版社が一万五千点以上の本を出版している。平均部数は約千部だが、売れ行きのよい作品は二~三千部刷られ、年平均では百五十タイトルが刊行されている(聖書などは複数が出版されたため点数は不明)[28]。いずれにしても、十六世紀にヴェネツィアで印刷された本は三千五百万冊を超えるとする説もあるほどだ[29]。印刷工は一日に十二~十六時間働き、片面で二千五百~三千五百枚を印刷したという。つまり二十秒に一枚の計算になる。じつに驚くべき生産性だ。

幸運が訪れたのは出版社だけでなく、著者も同じで、十六世紀にはベストセラーが生まれている。一五四二〜六〇年にかけて、ガブリエル・ジョリト・デ・フェッラーリはルドヴィーコ・アリオストの『狂えるオルランド』を二十八版まで発行したが、この偉業は実質的には一年で達成されている。(30)この場合、十年前に執筆を終えた著者は存命だったが、ほぼ『カンツォニエーレ』だけでイタリア国内で百四十八版、おそらく十万部以上が発行されたペトラルカ(一三〇四〜七四年)は、死後しばらくが経過していた。(31)ペトラルカやダンテの成功の裏には、十六世紀を代表する出版・印刷業者のアルド・マヌーツィオの存在が大きい。本は人々のあいだに普及し、ヴェネツィアの全家庭の十五パーセントでは、少なくとも誰かひとりが本を所有していた(聖職者のうち六十四パーセント、上流市民の四十パーセント、貴族の二十三パーセント、平民の五パーセントがそれぞれ書物を所持(32))。

発行部数の増加は在庫スペースの拡張を促した。一四九一年の書店主マッテオ・コデカの遺言状によれば、在庫総数はじつに一万二千八十六冊(とりわけ大きな書店というわけではなかった)。一五六二年にはトラメッツィーノ兄弟(一方がヴェネツィアで、もう一方がローマで出版業を営む)が倉庫を共有することになったが、その在庫数は二万九千二百九十四冊で、しかもすべて彼ら自身が出版したものだった。兄弟の片方は海外との取引も手がけており、他社から出版された本も含めると、在庫は相当の数にのぼったにちがいない。

出版社の限られたスペースはすぐに手狭になり、ふたりは貴族の館や修道院など、とにかく空いている場所を探した。折りしも十六世紀の初頭には、貴族は商業から土地の所有へ資本を移すことがようやく認められ、土地に投資しはじめ、以前はレバントの船から陸揚げされた荷物を保管するのに使われていた倉庫は空っぽになった。したがって、本の保管のために使用したいという出版社からの申し出は、まさしく渡りに船だったわけだ。出版業に縁の深い聖職者たちも、空きスペースの提供は安定した収入源になると心得ていた。一五六四年には、サント・ステファノ教会の神父たちは書店に対して九つの倉庫を貸している。こうして本の在庫はどんどん増えていった。いったい、どれだけあったのだろうか？　たとえばニコロ・ゴルゴンゾーラのように、ミラノのごくふつうの出版人が八万冊を所有していたとすると、ヴェネツィアの大手出版社がどれほどの在庫を抱えていたのかは想像もつかない。

一方、同じ時期の個人の図書室は蔵書が二千冊を超えることはめったになく、図書館でさえ蔵書は豊富という状態には程遠かった。ウィーンの帝立図書館の蔵書が八万冊に達したのは、一六六五年になってからのことである（現在、同図書館――もはや帝立ではない――の蔵書は三百万冊、大英図書館は千四百万冊、アメリカ議会図書館に至っては三千三百万冊である）。ヴェネツィアに話を戻すと、一五二三年には有力貴族出身のドメニコ・グリマーニ枢機卿の図書室に一万五千冊（この数字に裏付けはない）、歴史家のマリン・サヌードは六千冊を超える蔵書を所有していたという。「ヴェネツィアでは、十八世紀まではこのサヌードほどの個人収集家は存在しなかった」[33]。およそ六千五百冊がずらりと並んだ光景は「ヴェネツィアでもヨーロッパにおいても、まさに壮観で（中略）歴史家の書庫とはかくあるべきである」[34]。いずれにしても、図書室を持っていることは社会的なステータスであり、こんにちとは対照的に、絵画を所有するよりもはるかに名誉あることだった。十六世紀の遺言状に関する研究によれば、「対象となった九百三十七件のうち百四十六件に本が含まれていた。これはおよそ十五パーセントの割合で、絵画の九十パーセントにくらべると低い数字である」[35]。

本の普及によって火事の危険も増したが、木造建築物の多い街では避けがたいことだった（ガラス職人は彼らの炉が街を灰にしてしまわないように、一二九〇年にムラーノ島へ移住することが義務づけられたものの、その後もドゥカーレ宮殿は一四八三年と一五七七年の二度、火事に見舞われている）。火事はあちこちで相次いだ。一五二九年一月四日、サント・ステファノ修道院で火の手があがり、二時間のうちに多くの書店の本を保管していた倉庫が焼失した。一五五七年には出版社〈ジュンタ〉の倉庫がほぼ全焼し、一時は倒産の瀬戸際に追いこまれた。ちなみに、教会がみずから禁止された書物を焼き捨てることもあった。一五五九年三月十八日、サン・マルコ広場で焚書が行なわれ、一万〜一万二千冊の本が炎に包まれた。

十六世紀の本の都がどんな様子だったのか、だいたいのところはおわかりいただけたと思う。では、次になぜヴェネツィアが本の都となったのかを見てみよう。一四五二〜五五年にかけて、ドイツ人のヨハネス・ゲンスフライシュ、いわゆるグーテンベルクがマインツで聖書を印刷した。その後、一四五七年には最初の本が出版され、六五年にはマインツ以外のドイツの二都市とイタリアに初の印刷所ができた。まさにその年、ベネディクト会のふたりのドイツ人修道士、アルノルト・パンナルツとコンラート・シュヴァインハイムが、印刷に必要な道具を携え、ローマ近郊のスビアコ（聖ベネディクトが修道会を設立した場所）にあるサンタ・スコラスティカ修道院にやってきて、キケロの『弁論家について』を印刷した。これをきっかけにイタリアに活版印刷術がもたらされ、たちまち乾いた大地に炎が燃え広がるかのごとく普及する。一四八〇年までにはヨーロッパ全体で百十の印刷所が設立されたが、そのうちの半数がイタリアで、ドイツが三十パーセント、フランスが九パーセント、スペインが八パーセント、残りは大陸各地に点在していた。[36]

ヴェネツィアに印刷術を伝えたのも、やはりドイツ人だった。すでに述べたが、一四六九年にジョヴァンニ・ダ・スピーラ（ドイツ名：ヨハン・フォン・シュパイヤー）はキケロの『友人・家人宛書簡集』を出版し、ヴェネツィア共和国政府に対して印刷特認権を申請して許可されている。この権利は当時のヨーロッパでは一般的な制度で、新たな事業を始める際や、すでに始まっている事業で新たなものをつくる場合に独占権が認められた。[37]ジョヴァンニには五年の独占権が認められたが、十年あるいは二十五年のケースもあった。いずれにしても、この独占権が前例となり、ジョヴァンニが認可のわずか数カ月後に死去すると、ヴェネツィアは自由の広場となって、他のドイツ人も次々と印刷所を開いた。このように、新たな印刷技術をヨーロッパ全域に広めたのはドイツ人だった。「まさに流浪民のごとく、求められるままに豊富な知識と、しばしば限られた道具を手に、彼らは資金を援助してくれる後援者や、安定した印刷所を設立するのに必要な条件のそろった都市を探してさまよっていた[38]」。

ヴェネツィアが中央ヨーロッパから移住してきた印刷工を最も多く受け入れたことは間違いない。十五世紀には、ヴェネツィアの出版人のおよそ半数がドイツ人で、千六百人のインク工のうち、八十パーセントの名前が大英図書館の史料に記録されている（きちんと登録して管理するのがドイツ社会の習慣だった）[39]。要するに、印刷技術を発明したのはドイツ人だが、彼らは本を売るためにヴェネツィアへ向かった。ビジネスを発展させるには、資金が豊富で知識層の多いイタリアを目指さざるをえなかったのだ。

出版事業が成功するには三つの条件が揃っていなければならない。すなわち知識層の集中、豊富な資本、そして高い商業力である。ヴェネツィアはこれらをすべて満たしていたばかりか、さらなるメリットもあった。パドヴァ大学から近いことで知識資本が形成され、農業から転向した商人がさまざまな投資を行なって金融資本を生み出す。十五世紀末のヴェネツィアの商業力とネットワークは、ヨーロッパの他の国を寄せつけなかった。ヴェネツィア共和国の繁栄は、すでに数世紀にわたる交易によって築かれ、本は実際に船に乗って旅をした。領土拡大の最盛期にあったヴェネツィアは（ミラノ公国による征服を阻止し、一五〇九年の敗戦の痛手を克服するために、当時のヨーロッパのほぼすべての国と同盟を結んでいた）、中央ヨーロッパと中近東を結ぶ商業ルートを確保していたが、それだけにとどまらなかった。一四三二年、イギリスのサウサンプトンへ向かっていた船が難破して、ロフォーテン諸島に漂着したピエトロ・クエリーニは、干鱈に目をつけて、ノルウェーとのあいだに取引のルートを切り開いた。ヴェネツィア出身のマルコ・ポーロの通ったシルクロードがすでに遮断されていたとしても、同郷の商人たちはペルシャやシリアとのあいだを行き来しつづけた。ヴェネツィアが世界の商業の中心だったことは、かのウィリアム・シェイクスピアも認めている。でなければ、『ヴェニスの商人』が書かれることはなく、第一幕第一場でサリーリオにこんなことも言わせていなかっただろう。「きみの心は大海原で揺れている／あの海の上、きみの商船がいっぱいに帆をふくらませ／まるで海の支配者か大金持ちのように／あるいは海を渡る山車行列のように／まわりの小舟を堂々と見下して／それらが頭を下げ、敬意を表しているわきを／翼を広げて走っている」[40]

当時、船は一般的で安上がりな輸送手段だったため、積みこまれる本は濡れないように工夫されていた。製本されていない本はまとめて包装するか、樽や箱に詰められてタールで防水処置をほどこした。一四八九年には、アルド・マヌーツィオの発送した箱を積んだ小舟が難破するという出来事があった。荷物は引きあげられ、本は被害を免れなかったものの、どうにか修復できる程度だったため、おそらくそのまま売られたにちがいない[41]。

しかし何よりも注目すべきは、ヴェネツィアがとりわけ自由な都市だったということだ。現代的な意味での自由とは異なるものの、同時代の他の都市にくらべれば自由な風土が根づいており、実際、一五五三年までは検閲も行なわれなかった。それには理由があって、ヴェネツィアでは他の都市では想像もつかないほど、外国人によるさまざまな宗教の共同体が生まれ、発展してきた。オスマン・トルコの支配から逃れてきたギリシャ人やアルメニア人、スペインや他のヨーロッパ諸国での迫害から救出されたユダヤ人たちがラグーンに避難所を見つけ、あとで説明するように、この街の出版業の発展に大きく貢献した。それだけではない。ヴェネト地方全体、とりわけ他国に支配されていた地域では、さまざまな言語を話す人々が暮らし――彼らも魅力的な市場である――、世界初ではないにしても、ごく初期にヴェネツィアの印刷機がグラゴール文字（古代クロアチア語）とキリル文字（古代スラブの典礼用）の本を刷ったのは、ある意味では必然的なことだった。

　さらに、ドイツではカトリック教会の擁護のもとに印刷術が生まれたのに対して、ヴェネツィアでは人文主義者のサークルに集まった貴族が資金を出しあった。十五世紀末には、ヨーロッパ全体の本の四十五パーセントが宗教関連の書籍だったが、イタリアではその比率が三十二パーセントに下がり、さらにヴェネツィアでは二十六パーセントだった。教会は実質的に権限がなく（たとえば司教は共和国に服従し、何をするにも政府の承認を得なければならなかった）、異端審問の波が押し寄せたのも遅く、かつそれほど厳しくなかったために、十六世紀前半には出版の自由がほぼ保障されていた。資金と自由にあふれた都市に、花に群がるミツバチのごとく実業家が集まってくるのは当然と言えるだろう。

　もうひとつ、私たちはヴェネツィアを都市国家と考えているが、これほど間違った考えはない。ヴェネツィア共和国はきわめて広大な領土を持ち、北イタリアのおよそ三分の二に広がるだけでなく、その範囲は現代のスロヴェニア、クロアチア、モンテネグロ、ギリシャ、そして地中海のふたつの大きな島、クレタとキプロスにまで及んだ。すでに述べたように、ヴェネツィアは十五世紀の三大巨大都市《メガロポリス》のひとつであるばかりか、ヴェネト地方はヨーロッパ大陸の中でもとりわけ都市化および産業化が進んでいた。この地域にはヨーロッパ全体で二十の人口五万人以上の都市がふたつあり（ヴェローナとブレッシャ）、中規模の都市も他とくらべて驚くほど大きかった（ヴィチェンティーノのアルツィニャーノは人口七千人。ちなみに当時のイギリスのマンチェスターは四千人だった）。ヴェネトとフランドル地方だけで、都市部の人口の十六パーセント以上を占め（とりわけヴェネトでは、人口の二十パーセントにあたる人々が都市に住んでおり、それらの人口は一万人を超えていた）[42]、またヴェネトとロンバルディア（その大半は「晴朗《セレニッシマ》きわまるところ」、すなわちヴェネツィア共和国に属する）には、アルプス山脈の麓から絶え間なく大量の水が噴出するために、水車を動かす水力エネルギーに事欠かなかった。

そのためヴェネツィア共和国では製紙業が盛んで、ブレンタ川やピアーヴェ川沿い、ガルダ湖西方の斜面には製紙工場が集中していた（一キロの紙をつくるには二千リットルの水が必要で、しかも上質の紙には透明で澄んだ水が欠かせなかった）。その結果、「ヴェネツィアはほどなくイタリアの印刷産業を支配し、一時はヨーロッパ全体を主導した」[43]。およそ一万二千冊のインキュナブラ（西欧で一五〇〇年以前に出版された活版印刷本）のうち、イタリアではヨーロッパ全体の四十五パーセントに当たる五千冊が印刷されている。したがって、一四七〇年にイタリア人で最初に本を出版した人物も、ヴェネト出身のクレメンテ・ダ・パドヴァだった。出版が最も活況だったのは一五二六〜五〇年にかけてで、ヴェネツィアではイタリア全土で出版された本の約四分の三、ヨーロッパ全体の半分が刊行された。ちなみに、その後の二十五年間では六十一パーセントも減少している。ヴェネツィアで出版された本には、他の地域とは異なった特色が見られた。「ヴェネツィア方言に配慮した結果、目次、索引、欄外の注記をつけた読みやすい本ができた」のだ[44]。

こうした出版業の発展は、同時に数々の伝説も生み出した。十九世紀には、出所不明でその後紛失した史料のせいで、印刷術を発明したのはグーテンベルクではなく、十六世紀にヴェネト州プレアルプス地方の美しい小都市、フェルトレで生まれた医師で人文主義者のパンフィーロ・カスタルディだという説が唱えられた。長いあいだアドリア海沿岸のカポディストリアとザラ（それぞれ現スロヴェニアのコペルとクロアチアのザダル、どちらもヴェネツィア共和国の領域内）で暮らしていたカスタルディは、ある時期、医師を辞めて出版業を始めることにした。そして、いろいろ調べた結果、ミラノにはまだ印刷機や打印機、活字を扱う人物はいないと判断し、ガレアッツォ・マリア・スフォルツァ公爵の許可を得て、一四七一年にロンバルディア初の印刷本を出版した。カスタルディの出版業は順調だったが、やがてフィリッポ・ダ・ラヴァーニャという人物が独占事業に参入し、ミラノに新たな印刷所を設立した。おかげで、一四七二年のなかばにはカスタルディは撤退を余儀なくされ、機械をすべて売り払って、ふたたび医師を始めるために海岸沿いの街に戻った。ここまでは本当の話である。十九世紀になると、一時期のあいだ、イタリアでは彼こそが活版印刷術の真の発明者であり、グーテンベルクはいいとこ取りをしただけだと言われるようになった。電話の発明にまつわるアレクサンダー・グラハム・ベルとアントニオ・メウッチのエピソードを連想させるが、この場合、カスタルディの説は事実ではない。にもかかわらず、現在でも彼の生まれ故郷に建てられた記念碑の台座には、その功績を称える文句が刻まれ、彼は自分の発明ではないものの考案者にされている。

ヴェネツィアでは、すでに述べたように、本だけでなく本のビジネスも生まれている。出版に投資し、文具商や卸売商、印刷工、文学者（著者もしくは監修者）とやりとりする人物を「出版人」と呼ぶようになったのもヴェネツィアが最初だった。[45] そして、出版および書籍販売を行なう大きな会社が多数設立され、ときには国際的な取引も行なわれた。十六世紀を代表する出版社といえば、フィレンツェ出身のジュンタ一族が設立した〈ジュンタ〉社（のちの〈ジュンティ〉）が挙げられるが、彼らはもともとヴェネツィア共和国で出版業を始めた。この会社は「宗教書と祈禱書を専門に扱い、教会の検閲に引っかかるような本を出版してはひそかに販売して、ヨーロッパ中を網羅する販売網を築いた」[46]。これをきっかけに、ルネサンス期のイタリアにおける文化および商業の二大中心地、すなわちヴェネツィアとフィレンツェが結ばれる。フィレンツェのジローラモ・ストロッツィはヴェネツィアに移り住み、フィレンツェ、シエナ、ピサ、ローマ、ナポリで書籍の販売体制を整え、さらにはメディチ銀行のブルージュ支店とロンドンのマルコ・ストロッツィ商会にもヴェネツィアのガレー船で本を運んだ。狙いはこの二都市に住むフィレンツェの商人たちだ。ジローラモ・ストロッツィの代理人が月に二回、各地の店を回り、本がきちんと店頭に並んでいるかどうか、売らずに友人に貸し出されたりしていないかどうかを確かめた。さらに、代理人は商品を引き渡す前に落丁がないかどうかをチェックして、書店主が不良品だと思われる本を新品と交換するよう要求する手間を省いた（不備を指摘して交換してもらうのが慣習だった）。また、書店側がいったん購入した本を交換する際には代金を請求することにしたが、これは後払いでの購入が多い書店主にとっては負担が大きかった[47]。

ジョヴァンニ・ダ・スピーラがイタリアに印刷機を持ちこんでから十年後には（彼の兄弟のヴィンデリーノ〔ドイツ名：ヴィンデリン〕は出版業を続け、一四七七年にダンテ・アリギエーリの『神曲』の注釈付きの版をはじめて出版した）、複数の大手出版社が集まって、いくつもの大きなグループが結成された。一四七九年には、外国人が中心となって〈ラ・カンパーニャ・ディ・ヴェネツィア〉を設立し、わずか一年で二十冊もの本を出版した。フランス人のニコラ・ジャンソンはパリの造幣局で鋳型をつくっていたが、すぐにヴェネツィアに移り、フランクフルトの腕利きの商人で、聖地を目指すドイツの巡礼者のために「笛と三位一体の紋章」を掲げたホテルを営んでいたペーター・ウーゲルハイマーとともに印刷所を設立した。ウーゲルハイマーはまさしく「他地域、他国へ向けたヴェネツィアの本の輸出の発展」に生涯を捧げた人物で[48]、細密画と装丁がみごとな本のコレクションを所有していた（そのうちの二冊とジャンソンの蔵書は十五世紀のイタリアの本の中でもきわめて珍しいもので、ルネサンス期の装丁の研究者、アントニー・ホブソンによって統一直後のドイツのゴータで発見されている[49]）。

〈ラ・カンパーニャ〉は「ヴェネツィアを拠点にして、とりわけイタリアの中部および北部、ドイツで大規模なカルテルを結び、自社のみならず他社から出版された書籍も販売した[50]」。また、各地で文具商を雇って自社の本を売りさばかせた。文具店では従来のとおり手書きの本を売ることも認められていたが、新たな商品を並べることで毎月決まった額の収入が保障された。一四八五年、ウーゲルハイマーはミラノへ移り、トスカーナの各大学都市に支店を置いてヴェネツィアから本を送る仕組みを整えた。

ヴェネツィアとフィレンツェ間のルートが強化された結果、〈ジュンタ〉は当時としては画期的な多国籍企業となった（もうひとつ〈ジュンティ〉という出版社があるが、こちらは一八四〇年にフィレンツェで設立され、ルネサンス時代の同名の会社とは直接関係ない）。ルカントニオ・

イル・ヴェッキオはフィレンツェで生まれ、一四七七年、製紙業を志して二十歳でヴェネツィアへ移り住んだ。一念発起して白い紙から黒い紙へ転じたのは一四九一年のことで、一五三八年にこの世を去るまで、じつに四百十冊もの本を出版した。父の遺志を継いだ息子たちは、それぞれスペインとパレルモで直接書店を経営した。一五二〇年にはリヨンに支店を開いたが、海外の店にはかならず一族の人間が駐在してしっかりと管理した。当時の出版業界はミサ典書が中心で、ルカントニオも時流に乗り遅れまいと外国語のミサ典書を出版する。それらがスペイン、ドイツ、オーストリア、クロアチアなどで売れたおかげで、〈ジュンタ〉は宗教書の出版で業界最大手となった。彼らはとりわけマーケティングに力を入れ、有力者や著名人へ贈呈する分も含めて印刷部数を決定した（当時、本は絹や砂糖、胡椒、油、香辛料と並んで高級品だった）。

〈ジュンタ〉は本の供給にふたつのルートを利用した。専門業者のほかに、修道士に目をつけたのだ。修道士が各地の修道院へ運ぶという方法で、同社は出版した本の五分の二を売りさばいた。これは純粋なビジネスだった。というのも、売った本の半分は宗教書だったものの、残りの五十パーセントはホメーロスの『イーリアス』といった他の分野の本だったからだ。聖職者は、聖地へ向かう巡礼者のための宿泊所など、書店にはない流通ルートを持っていた。一五六〇年ごろには、〈ジュンタ〉はあいかわらずヴェネツィアを販売拠点としていたが、それに次いだのがリヨンだった。意外にもフィレンツェでの売上げは低調だったが、ルカントニオと後継者たちは地元の市場にはこだわらなかった。彼らはラテン語の本を中心に扱う国際的な出版社であり、広域にわたる購買者に低価格で一定の数の本を提供するという問題をみごとに解決した。その結果、強力な流通網を築きあげ、それを他の商品にも利用することで商人どうしの関係を強化した。「彼らの卸売業のおかげで（中略）ヨーロッパにあらゆる分野の本が普及した[51]」。

産業化、グローバル化、マーケティング。ルネサンス期のヴェネツィアにはすべての条件がそろっていた。実際には、その五百年前からの流れが存在したのだが、十六世紀前半に出版界の資本によって示された生産力と商業力が、同時代の商業活動の繁栄の歴史に受け継がれたことは間違いないだろう。

第二章　出版界のミケランジェロ、アルド・マヌーツィオ

絵画のラファエロ、彫刻のミケランジェロ、建築のブルネレスキ――彼らと肩を並べるのが出版のアルド・マヌーツィオである。ダヴィデ像の制作者にくらべれば知名度は劣るものの、マヌーツィオはまぎれもない天才で、革新者《イノベーター》、革命家でもある。彼の登場はまさに歴史の転換点であり、出版界はそれ以前とは大きく様変わりする。そのすぐれた洞察力は、こんにちなお称賛に値し、おそらく電子書籍の発明すら足元には及ぶまい。文庫本をお持ちだろうか？　考案者はマヌーツィオである。イタリック体（イ、タ、リ、ッ、ク、と呼ばれるのも偶然ではない）もマヌーツィオの発明。最初にベストセラーを出版したのもマヌーツィオだ。すでに述べたように、ペトラルカの作品は死後一世紀半を経て、じつに十万部の売上げを記録している（もちろんマヌーツィオの版だけではないが）。十万部といえば現在でもベストセラーなのだから、十六世紀の初めにはとんでもない数字だったはずだ。さらには句読点の使用も開始したことから、マヌーツィオは〝ピリオドとコンマの父〟とも呼ばれている。人文主義者のピエトロ・ベンボの助言によって、アポストロフィとアクセント記号とともにギリシャ語の句読点をはじめてラテン語や俗語へ採り入れたのがマヌーツィオだった。

だが、アルド・ロマーノ（ローマを州都とするラツィオ出身であることを示すために署名ではこの名前を用いた）の功績は、何といっても本を娯楽の対象としたことだろう。つまり、彼は読書の楽しみを生み出したのだ。それまでは、もっぱら祈禱や学習の道具として用いられていた本を、余暇の時間に手にするようになったことは、まさに知的革命にほかならない。また、マヌーツィオは現代で言う初の出版人でもあった。それ以前の時代には、印刷工というのは印刷機を扱う作業者に過ぎず、本に対する知識も関心もなく、単なる商品としてしか見なしていなかった。その証拠に、マヌーツィオが活躍する以前の本は誤植だらけだった。もっとも印刷工の評判も芳しくない。一四九三年にはマッテオ・ダ・パヴィアという印刷工がドイツ人商館であろうある者を殺した罪で訴えられ、一四九九年にはモルガンテなる人物が娼婦を殺害している(1)。

それに対してマヌーツィオは知識人で、出版する本も売れ筋の作品だけでなく、きちんと内容を見て選んだ。彼は文化的な教養と技術、そして市場が求めているものを理解する直感を併せ持った稀有な人物で、出版界はこの時代を境に大きく発展する。したがって、さまざまな分野の第一人者がマヌーツィオに協力したのも当然と言えよう。

マヌーツィオがヴェネツィアへ移住したのは、何よりも文化的な要因が大きいと思われる。一四六八年、ジョヴァンニ・ベッサリオーネ枢機卿がヴェネツィア共和国に多数の写本を寄贈し、それをもとにギリシャ語やラテン語の古典が出版され、彼のような知識層のあいだにそうした本が普及した。かのサン・マルコ図書館もこの時代に端を発する（ただし最近の研究によれば、ベッサリオーネの寄贈文庫には容易に近づくことができず、おそらくマヌーツィオも実際に手にしたことはないはずだと結論づけられている[2]。

いずれにしても、マヌーツィオの印刷機からは史上最も美しいと言われる『ヒュプネロトマキア・ポリフィリ』（ポリフィルス狂恋夢）も生み出されている。この作品は現在でも謎に包まれた部分が多く、ドミニコ会修道士によって書かれたとされるものの、異教色が強く、官能的な表現を用いたみだらな物語で、ところどころポルノまがいの描写もある（実際、バチカン図書館に保存されている版は明らかに検閲のあとが見られる）。大英博物館でインキュナブラを管理していたジョージ・ペインター（マルセル・プルーストの伝記作者）は、この本を出版の歴史における貴重な存在と考えた。「一四五五年のグーテンベルクの四十二行聖書と一四九九年の『ヒュプネロトマキア・ポリフィリ』は、インキュナブラの時代において、正反対でありながらも、どちらも甲乙つけがたい卓越した本である。ドイツ語のゴシック体で書かれたグーテンベルクの聖書は、カトリックらしく簡素な中世の本であるのに対して、イタリア語の『ヒュプネロトマキア・ポリフィリ』はルネサンス期の官能小説で、目を見張るほど豪華できらびやかだ。この出版史における二冊の傑作は、まさに人類の対極の探求欲と言えよう[3]」

マヌーツィオの本の読者には、マントヴァ侯フェデリーコ・ゴンザーガ、イザベッラ・デステ（マントヴァ侯夫人）、ルクレツィア・ボルジア（ローマ教皇アレクサンデル六世の娘）、教皇レオ十世（本名ジョヴァンニ・デ・メディチ）など、同世代のルネサンス期イタリアの著名人も含まれている。また、のちに詩人となるエルコレ・ストロッツィや、洗練された外交官だった領主アルベルト・ピオなどはマヌーツィオの弟子に当たる。彼は交友関係も幅広く、哲学者のジョヴアンニ・ピコ・デッラ・ミランドラ、エラスムス、ピエトロ・ベンボ（ヴェネツィア出身）やアンジェロ・ポリツィアーノ（フィレンツェ出身）といった人文主義者の詩人、蔵書家のジャン・グロリエ・ド・セルヴィエール（フランス財務長官）、ヴェネツィア貴族で年代記者のマリン・サヌード、イギリスの人文主義者ウィリアム・ラティマー（カンタベリーおよびオックスフォード大学教師）、同じくイギリス人の医師で人文主義者のトーマス・リナカー（カンタベリー出身でオックスフォード大学のギリシャ語教師）などが挙げられる(4)。

当時の著名人のご多分にもれず、出版を手がける以前のアルド・マヌーツィオについてはほとんど明らかになっていない。一四五〇年ごろ、ローマの南東約六十五キロにあるセルモーネタ公国の小村バッシアーノ（現在のラツィオ州ラティーナ県）で生まれたとされる。当時のローマは言うまでもなく人文主義の学問が盛んで、マヌーツィオも一四六七〜七五年にベッサリオーネ枢機卿に近い学者のサークルに参加し、修辞学の教授ガスパーレ・ダ・ヴェローナの講義を手伝い、前章で述べたとおり、イタリアに印刷技術を伝えたドイツ人のベネディクト会修道士たちとも親交を結んだ。一四五七年、マヌーツィオはギリシャ語を学ぶためにフェッラーラへ移った。そこでジョヴァンニ・ピコ・デッラ・ミランドラと同門となる。彼はカルピ領主の未亡人である姉に、ふたりの息子アルベルトとリオネッロ・ピオの家庭教師としてマヌーツィオを推薦した。一四八〇年、マヌーツィオはエミリア＝ロマーニャ州のカルピに移り、そこで九年間を過ごすことになる。彼の姿はカルピ城内のフレスコ画に描かれており、現在でも若くたくましいアルベルト・ピオの隣に飾られたマヌーツィオの肖像画を見ることができる。このカルピでの滞在経験がのちの出版人としてのマヌーツィオに少なからぬ影響を与えたことは、みずからアルドゥス・ピウス・マヌティウス・ロマヌス（〝ピウス〟はアルベルト・ピオへの敬意を示している）と署名していた事実からも明らかだ。この時期、マヌーツィオはラテン語の文法書の下書きを進めていたと思われる。その原稿はヴェネツィアのクエリーニ・スタンパーリア図書館に保管され、ヴェネツィアの印刷者、バッティスタ・トルティがラテン語の哀歌選集を出版するきっかけとなった。[5]

マヌーツィオがヴェネツィアへ移ったのは一四八九～九〇年のことだった。直接の理由は不明だが、当時のヴェネツィアには、やはりローマ出身のマルカントニオ・サベッリコがいた。彼は共和国の歴史記述者で、サン・マルコ図書館の司書として膨大なギリシャ語の写本を管理していた。だが、このふたりに親交があったという証言は一件しかなく、むしろマヌーツィオはサベッリコのライバルだったジャンバッティスタ・エグナツィオと親しかった。[6] ポリツィアーノに宛てた手紙で、マヌーツィオはヴェネツィアについて「これといって特徴のない街」だと記したとされているが、その手紙は残されておらず、真偽のほどは定かではない。

それはともかく、そのわずか三年後にマヌーツィオは最初の本の出版を決意する。「当時、彼は四十歳を目前にしていた。その時代の男性にとっては、すでに関節がきしみ、目が悪くなる年齢である。それまでの彼のキャリアは、輝かしいとまでは言えなくても、じゅうぶんに申し分なかったが（中略）彼はさまざまな人物から援助を受け、それによって長年憧れていた文学者に近づける自信を得た」[7]。彼が出版業界に身を投じる決意をしたのは、誤植だらけのギリシャ語やラテン語の古典を読むのにうんざりして、より質の高い本を手にしたかったからだとする説もある。

当時の出版は「大急ぎで準備が行なわれ、ほとんどの場合は原稿も写本か、以前に出版された本が一冊のみだった」[8]。そして、原稿は学生の手に渡り、欄外に教師のコメントが書きこまれる。運がよければ、さらに内容が書き加えられたものが、わずか数ドゥカートでひとりの印刷工のもとに持ちこまれ、コメント付きの新たな版が大量生産されるというわけだ。アンジェロ・ポリツィアーノやマルカントニオ・サベッリコ、言語学者のジョルジオ・ヴァッラなどは、みずからの考えがこのように盗用される仕組みを嘆いた。

マヌーツィオ文庫（一五九七年に孫によってバチカン図書館に寄贈された）には、ギリシャ語もラテン語もこうした安価な大量生産の本は一冊も見当たらない。「写本のコレクションも、ラテン語の古典や地方の年代記、信仰にまつわる書、アンソロジー、注釈書など多岐にわたっていた」[9]。マヌーツィオが最初に出版したのはギリシャ語の文法書だったが、これは自分の印刷所ではなく、アンドレア・トッレザーニ、通称アンドレア・ダーゾラ（マントヴァ近郊にあるアーゾラはヴェネツィア共和国の国境地帯）の印刷所で刊行された。その後、マヌーツィオはトッレザーニの娘と結婚し、サン・パテルニアン（現在のマニン広場。十世紀に建築されたサン・パテルニアン教会と珍しい五角形の鐘楼は、銀行を建てるために十九世紀に解体された）のトッレザーニ家に移り住む。自身の印刷所はサンタゴスティンのピストル通りにあり（現在、碑板はこの地区に現存する唯一の十五世紀の建物に設置されているが、かならずしもこの場所に彼の印刷所があったわけではない）、そこではじめて出版されたのは、やはりギリシャ語の文法書で、ピエトロ・ベンボの師であるコスタンティーノ・ラスカリスの『問答集』だった[10]。一四九五年二月のことである。これを機に、ルネサンス時代のイタリアは言うまでもなく、出版の歴史において最も大きな役割を果たした印刷所が活動を始め、活字箱やそれらを収める作業台など、他の印刷所には見られない新たな発明品や技術が採り入れられた。

もうひとつ注目すべきは、マヌーツィオが言語、とりわけ「音楽のようなリズムとニュアンス豊かな音の構造に魅了され、文法と発音の正確さに対して、病的とも言えるこだわりを見せていた」ことだ[11]。それゆえ、彼が多くの文法書を出版したこともけっして偶然ではない。一五〇一年にはヘブライ語の文法書を出版したが、この際には、ユダヤ人の印刷者ゲルション・ソンチーノが一四九二年に使用したヘブライ語の活字を用いている（おそらくソンチーノ自身が製作したもの）。ちなみに、この文法書はギリシャ語とラテン語の文法書の付録として出版されている[12]。エラスムスは、イタリアを発った直後に発表した『Elogio della pazzia』（痴愚神礼賛）で、ある曖昧な語尾に関する激しい論争で文法書を振りかざす女性を描いているが、それと同じような口論がマヌーツィオの印刷所で繰り広げられていたことは想像に難くない。エラスムスは「誰かがほんの一語でもささいな誤りを犯そうものなら、目ざとく見つけ、とたんに喧嘩を吹っかけ、侮辱し、罵詈雑言を浴びせる[13]」として、文法学者や博識な人の愚かさをあざけり、次のようにつけ加えている。「文法書も多数あれば、文法学者も多数いる（わが友人のアルド・マヌーツィオは、ひとりで五冊もの文法書を出版した）[14]」

それはともかく、出版活動を開始したマヌーツィオは、まずはギリシャ語の本の出版に精力をかたむける。手始めに、ザッカリア・カリエルジやマルコ・ムスロといった知識人と協力してアリストテレスの作品を出版した。詳しい経緯についてはのちの章で述べるが、あいにく売上げはあまり伸びなかった。一五一三年の販売目録には（マヌーツィオの出版した本の目録は三冊が現存する）初期の本のほとんどが安い価格で掲載されている。一四九八年、マヌーツィオはペストにかかり、幸運にも回復したが、これを機に哲学書の出版を決意する。そして同年十二月六日、ヴェネツィア議会に印刷特認権を申請して許可された。

　マヌーツィオは出版を始めた当初から最新の手法を導入した。一ページに二段組で印刷することによって、分厚い写本のページ数を格段に減らすことに成功したのだ。それまでの印刷はもっぱら一段だった。また、最初のころはニコラ・ジャンソンの考案した美しいローマン体活字を用いた。この活字は、のちにボローニャの彫金師フランチェスコ・グリッフォの手によって改良され、イタリック体が完成する。マヌーツィオの完成させたローマン体は『ヒュプネロトマキア・ポリフィリ』（一四九九年）で用いられ、これをもとにクロード・ガラモンは自身の名を冠した活字を製作し、現在も使われているさまざまなオールド・ローマン体へと発展する。

　『ヒュプネロトマキア・ポリフィリ』（以後『ポリフィルス狂恋夢』と記す）は、すでに述べたように、出版史上、最も美しい本と言われている（二〇一〇年七月、ロンドンの競売会社クリスティーズは同書を三十一万三千二百五十ポンド、すなわち三十五万六千ユーロ（訳注：当時一ユーロ＝百三十円として四千六百二十八万円）で売却した）。全二百三十四ページの二折判は空想の物語で、百七十二の木版画の挿絵は作者不明であるものの、最近の研究によれば、パドヴァの細密画家ベネデット・ボルドーニ（史上初の嶼誌《しょし》の作成者として、地図に関する章にも登場）によるものではないかと考えられている[15]。あまりに美しい挿絵は、過去にアンドレア・マンテーニャやジョヴァンニ・ベリーニといったルネサンス期を代表する画家のものだとする説も唱えられるほどだった。もっとも、このように芸術的とも言うべき体裁の本も、内容は突飛で、随所にユーモアも盛りこまれている。「これは豊富な挿絵とみごとな装飾で、ルネサンス時代を代表する本であるが、本文はこんにちなお謎が多く残っており、不可思議な比喩やさまざまな言語や方言による奇妙な言葉がちりばめられている[16]」。具体的には、イタリア語とヴェネツィア方言、ラテン語、ギリシャ語を混合したものに、ヘブライ語、カルデア語、アラビア語、さらには著者による造語も挿入されている。「常軌を逸した作品だが（中略）格調高いレイアウトと多種多様の構成はみごとで、木版画の挿絵を含む本としては比類なき存在であると同時に、ヴェネツィア派の絵画においても傑作であることは間違いない[17]」。この本が書かれたのは出版の三十二年前、著者はトレヴィーゾ出身のドミニコ会修道士、フランチェスコ・コロンナである。一四五五年に修道士となったコロンナは、六七年にこの規律にとらわれない自由な作品を執筆する。その後、七一年にはヴェネツィアのサンザニポロ（聖ジョヴァンニとパウロ）教会に移り、一五二七年、じつに九十四年の長い生涯を閉じた。『ポリフィルス狂恋夢』は彼が六十六歳のときに出版された。出版に当たっては、ヴェローナの裕福な貴族レオナルド・クラッソが資金を援助し、ウルビーノ公グイドバルド・ダ・モンテフェルトロに献呈されている。アルド・マヌーツィオの名前は巻末に小さく記されているにすぎない。

あらすじは、逃げた恋人を追いかけて主人公が旅をする物語である。恋人のポーリアは現実の女性であると同時に理想の女性の象徴でもある。おそらく、当時最も高位だった司教の姪ルクレツィア・レッツリがモデルで、修道士の著者は彼女に魅了されていたという説が有力だ。この本は自叙伝だが――そのため作者は匿名となっている――著者の名前は作中の言葉遊びから読みとることができる。[18]〝ヒュプネロトマキア〟(Hypnerotomachia)とは、ギリシャ語の夢、愛、戦いの三つの語を合わせた言葉である。主人公のポリフィーロは美しいポーリアの夢を見て、彼女を追いかけるために難題に立ち向かわざるをえない。恋人は森に隠れ、数多くのいにしえの墓碑を見つけて読みあげる。ポリフィーロは一四六七年五月一日の金曜日にトレヴィーゾで夢から目覚める。[19]かつてはこの日が恋人たちのための日に定められていたが、やがて二月十四日がこれに取って代わり、現在では五月一日は単なる労働者の日にすぎない。

実際にはそれほど複雑ではないものの、凝りに凝った文体を用いたために、この作品は長らく評価されなかった。出版後まもなく、著述家で外交官のバルダッサーレ・カスティリオーネは『宮廷人』(一五二八年)でこの作品について触れ、一時間延々と繰りかえされる会話は千年にも感じられるとこき下ろしている。ジェイムズ・ジョイスも明らかに『ポリフィルス狂恋夢』を読んでおり、その著書『フィネガンズ・ウェイク』で次のように評している。「取りとめのない時間、見捨てられた場所、まったくもって冗長な言い回し――すべてが意味をなさない」。一方で、心理学者のカール・ユングは一九二五年に同書のフランス語版を読んで、夢の解釈において影響を受けている。[20]

アルド・マヌーツィオがこの作品についてどう考えていたかは定かではないが、おそらく単なる印刷上の挑戦としか見なしていなかっただろう。もっとも、思ったような手ごたえは得られず、一年後の一五〇〇年にはシエナの聖カテリーナの『書簡集』を自費で出版した。これは、〝いとやさしきキリスト、わが愛キリスト〟というわずか一文ではあるが、出版史上初のイタリック体を含む本として注目に値する。一五〇一年三月二十三日、マヌーツィオは新たなイタリック体を保護するために、「十五世紀後半にイタリア国内の公式記録所で使われていた手書きの書体から考えつき、優美で美しい古典文学の写本の印刷を可能にするもの」[21]としてヴェネツィア議会に特許を申請した。だが、それだけではない。原材料、すなわち紙がきわめて高価だった時代には見過ごせないメリットがあった。傾斜した字体はスペースを取らず、ローマン体にくらべて行数も少なくてすむため、紙の節約になったのだ。たしかにローマン体よりも読みにくいという欠点はあったものの、十六世紀には筆跡を真似た印刷が流行したこともあって、フランチェスコ・グリッフォによって実現した新たな字体はマヌーツィオにとって大いに満足できるものだった。イタリック体は「印刷史上、最も成功をおさめた発明」[22]であり、「とりわけ十六世紀の印刷者には、その優雅さが高く評価されただけでなく、ルネサンス期のイタリア、それゆえ近代を象徴する存在と見なされた[23]」。

一五〇二年十一月十四日、マヌーツィオはヴェネツィア共和国の全領土内において、ギリシャ語とラテン語のイタリック体での印刷特認権を認められた。グリッフォとの関係はすでに十～十一年に及び、印刷所を開始してから七年が経過していた。その間、グリッフォは三カ国語（ラテン語、ギリシャ語、ヘブライ語）で十二組の活字を製作した[24]。新たな活字の製作には莫大な費用がかかり、「百どころか千ドゥカート」とも言われている[25]。

フランチェスコ・グリッフォの晩年は恵まれなかった。故郷のボローニャに戻り、一五一六年に、当時としては冒険的な試みであるペトラルカの恋愛抒情詩集『カンツォニエーレ』を出版するが、その直後、婿の頭を「圧印機の部品とおぼしき」金属の棒で殴り[26]、殺人罪で訴えられる。その結果がどうなったのかはわからずじまいだ。グリッフォは歴史の波にのみこまれ、跡形もなく消えてしまった。

イタリック体は、マヌーツィオによるもうひとつの偉大な発明品とともに普及する。すなわち文庫本——本文の注釈がない、ポケットに入れて持ち運びできる小型の本である。「こうした本は価格も安く、学生やヨーロッパの大きな大学を渡り歩く研究者に歓迎された[27]」。もっとも、この現在のペーパーバック版に相当するサイズ（八折判）はすでに宗教書で実現されていた。聖職者にとって、聖書台に置いて読む二折の大型本を持ち歩くことは困難だったからだ。だが、古典文学を八折判で印刷したのはマヌーツィオが最初だった。一五〇一年四月、ヴェルギリウスの出版を皮切りに、一年後にはカトゥルス、ティブルス、プロペルティウスといったローマ時代の詩人の詩集を三千部以上売りあげ、当時としてはベストセラーを記録する。また、一五〇一年には初の俗語の本となるペトラルカの八折本も出版した。

マヌーツィオは出版界に起こりつつある革命をじゅうぶんに自覚していた。マリン・サヌードに宛てた手紙には、文庫本の登場によって政治家や学者が余暇に読書をするようになったと報告し、一方で傭兵隊長のバルトロメオ・ダルヴィアーノ（その数年後のアニャデッロの会戦において、ヴェネツィアの敗北の責任を負う）には、戦地へ赴く際に小型の本を持っていくようすすめている。[28] こうして読書は勉強だけでなく娯楽の対象となり、学習のためのみならず、気晴らしに本を読むという考えは五百年を経た現在にも受け継がれている。

マヌーツィオにとっての改革はまだ終わらなかった。枢機卿とヴェネツィアの人文主義者がシチリアの火山の噴火に対する驚きを語るピエトロ・ベンボの地理書『De Aetna』（エトナ山について）を出版し、著者のすすめではじめて鉤型のコンマを用いて、これを機にアポストロフィ、アクセント記号、ピリオド、コンマが本に挿入されるようになった。一五〇二年以降、マヌーツィオは錨とイルカの商標を本に刻印している。これは、そもそも『ポリフィルス狂恋夢』の挿絵で使われたもので（向きが異なったが）、それとともにモロッコ革に緑のオリーブと花の図案や二重焼きにした金色の幾何学模様をあしらった、いわゆる「ギリシャ風」の製本を手がけ、またたく間にイタリア北部に広まった。

その一方で、マヌーツィオはギリシャ語の勉強サークル〈ネアカデミア〉を設立したが、これには当時の人文学者の考えや意見を無料で利用しようというしたたかな意図もあった。このサークルは一五〇二年にヴェネツィアで活動を開始する。偶然にも、ローマ教皇庁の図書館の本を分解した際に会則が発見された（製本用の反故紙には古紙を用いるのが慣例だった）。それによれば、全員がギリシャ語で会話することが義務づけられ、違反した場合には罰金を支払い、貯まったお金で宴会を催す。[29] これはギリシャ語が公用語だったローマのベッサリオーネ枢機卿との連携を意識したもので、ルネサンス期のイタリアにおいて、〈ネアカデミア〉はローマの二団体、フィレンツェ、ナポリに次ぐ五番目のアカデミーとなった。[30]

同じころ、マヌーツィオは私生活でも大きな転機を迎えた。一五〇五年、すでに五十歳を超えていた彼は、アンドレア・トッレザーニの娘である二十歳のマリアと結婚し、その後五人の子どもを設ける。領主アルベルト・ピオは夫妻をカルピへの新婚旅行に招待するが、マヌーツィオは若き妻とともに旅立つよりも仕事に邁進《まいしん》することを選んだ。『イソップ物語』、そして版の異なるピエトロ・ベンボの『アゾラーニ』（ルクレツィア・ボルジアへの献辞がある版と献辞なしの版）を続けざまに出版し、結婚の一年後にはピストル通りからサン・パテルニアンへ引っ越して、印刷所と住居を義理の父と共有した。

この時期、マヌーツィオはしばらく仕事を休んで、写本を探しにミラノ、クレモナ、アーゾラを旅したが、マントヴァの兵士に誤って逮捕され、「さんざんな目にあった」のち、ミラノ議会の議長の個人的な介入のおかげで解放され、その礼として、ホラティウスの『歌集』を献呈している。(31)

一五〇七年、印刷所に戻ったマヌーツィオは、義理の父トッレザーニと、ヴェネツィア総督の息子で甥（父マルコが一四八五年、翌八六年には叔父アゴスティーノが続いて総督に選出）のピエルフランチェスコ・バルバーリゴとともに新たな会社を設立する。このピエルフランチェスコはのちに議員となり、有力貴族のバルバーリゴ家は出版社に対して資金と保護を惜しみなく提供した。

同年十月二十八日、エラスムスがみずからの『格言集』を出版するためにヴェネツィアへやってきた。彼は『Opulentia sordida』（裕福な吝嗇家）でマヌーツィオの印刷所における日常を描写し、義父のトッレザーニは金持ちの守銭奴で、「公衆便所から持ってきたタコのようなものや、かちかちになった古いチーズや腐ったトリッパで作ったスープ、水で薄めた酸っぱいワインを食卓に並べるほど食費を節約していた」と描いている。[32]エラスムスはマヌーツィオの活字の美しさに魅せられて、自身のエウリピデスの翻訳を出版するよう依頼した。このオランダの哲学者はヴェネツィアに滞在中、毎日のようにマヌーツィオの印刷所に通っては原稿のチェックおよび修正を行ない、『格言集』の初版の出版に力を注いだ。原稿の作成は一日二ページのペースで進められたと言われ、したがって全体が完成するのに九カ月を要した。そして一五〇八年にめでたく刊行となる。[33]

時代はまさにカンブレー同盟とヴェネツィア共和国の戦争勃発の前夜で、マヌーツィオは戦乱を逃れてフェッラーラの公爵夫人ルクレツィア・ボルジアのもとに身を寄せる。その後、一五一二年にヘブライ語の出版に対する大きな関心とともに活動を再開した。そして、ピンダロスやプラトンを出版し、この二折判をもって、みずからに与えられた使命――主要なギリシャの古典文学の出版――を果たした。[34]その後もめぼしいギリシャ語の作品、続いてラテン語古典の八折判の叢書と精力的に活動を続ける。これには、神聖ローマ帝国に占領されたパドヴァからヴェネツィアへ逃れてきた多くの文学者がマヌーツィオの印刷所に協力したことが大きい。プラトンやギリシャの弁論家の書を監修したマルコ・ムスロもそのひとりである。[35]

マヌーツィオの偉大な功績は、彼の活字が多くの模倣を生み出したことによって示される。イタリア国内ももちろんだが、その多くはフランスで生まれた。「リヨンの印刷者はまたたく間にイタリック体を複製して本文を書き換え、おまけに序文まで書き加えている」[36]。マヌーツィオはヴェネツィアおよび外国で時間と金をかけて特許を申請し、みずからの出版物を保護しようと試みたが、残念ながら効果はなかった。「リヨン人はマヌーツィオの本を複製していることをけっして認めず、特許も領収書もイタリアからの警告もどこ吹く風で、マヌーツィオのイタリック体で印刷を続けた」[37]。思いがけない事態に、マヌーツィオは海賊版の誤植の一覧表を作成して対処した。目的は海賊版を容易に判別することだったが、それがまさか誤りを修正する機会を提供することになろうとは夢にも思わなかった。

いずれにしても、マヌーツィオはすでに時代の寵児だった。印刷界の第一人者は押しも押されぬ売れっ子となったが、一方で本人はそのことを嘆いていた。一五一四年、すなわちこの世を去る一年前に、彼は友人に宛てて次のような手紙を書いている。「仕事がたびたび妨害されてたまったものではない。(中略)学者からの手紙が次々と届き、すべてに返事を書こうものなら、昼も夜も殴り書きをしなければならないだろう。昼間はひっきりなしに客が訪れる。ただ挨拶をしたいという者もいれば、新たな本が出ていないか知りたいという者もいるが、ほとんどはほかにすることがなくて私の仕事場にやってくるのだ。〝ちょっとアルドを見にいこう〟と言って。何の目的もなしにうろついて、腰を下ろして、おしゃべりをしている。もっとも、何もしない連中はそれほど面倒ではない。やっかいなのは、マヌーツィオの名前で出版しようと詩や文章(ほとんどが陳腐なもの)を持ちこんでくる奴らだ。あまりにもこういった妨害が多すぎて、どうにかしなければならない。そんなわけで、ほとんどの手紙には返事を書かないか、まったく同じ文面で返している。（中略）仕事場の扉に、〝誰であれ、質問は手短にして、できるだけ早く退去するよう求める〟という張り紙をした[38]」

一五一五年一月、マヌーツィオは最後の本となるルクレティウスの『物の本質について』を刊行し、二月六日に息を引きとった。棺はサン・パテルニアン教会に安置され、その周囲には故人が出版した多くの本が並べられた。葬儀の祈禱はパドヴァ大学教授のラッファエレ・レジオによって執り行なわれた。

マヌーツィオはヨーロッパにおける学習の方法を変えたと言っても過言ではない。「トマス・モアの『ユートピア』（一五一六年）の主人公が理想郷《ユートピア》の住人に印刷を教える際に、マヌーツィオのギリシャ語の本を見せる。すなわち、それがヨーロッパの文学および技術を象徴するものなのだ[39]」。

アルド・マヌーツィオは二十年間で百三十二冊の本を出版した。そのうち古典が七十三冊（ラテン語が三十四冊、ギリシャ語が三十九冊）、イタリア語の俗語の本が八冊、ラテン語の現代作品が二十冊、スコラ哲学の教科書が十八冊（うち十二冊がギリシャ語）。ヴェネツィアで初期に出版された全四十九冊のギリシャ語の書のうち、マヌーツィオひとりで三十冊も刊行しており、十一冊にとどまった戦争中の一五〇六～一二年を除けば、年間平均は十冊となる。つまり一カ月にほぼ一冊のペースで、原稿を準備するかたわら活字箱から活字をピンセットで拾っていたのだから（ほんの数十年前まで続いていた手法）驚くべきスピードである[40]。

義父のアンドレア・トッレザーニは一五一七年十一月まで印刷所の責任者を務め、その後は一五二八年まで息子のジョヴァンニ・トッレザーニが引き継いだ。彼の死後、子どもたちが対立して印刷所は閉鎖に追いこまれた。一五三三年、アルドの息子パオロ・マヌーツィオが印刷所を再開し、一五七四年にこの世を去ると、その息子のアルド・マヌーツィオ・イル・ジョーヴァネが跡を継ぎ、一五九七年、彼の死をもって、世界の本の歴史を変えた印刷一族の王朝はついに終焉を迎えた。

第三章　世界初のタルムード

フラマン人（訳注：オランダ系ベルギー人）とドイツ人とチュニジア人をヴェネツィアに連れてきて一緒にすれば、たちまち十六世紀前半のヘブライ語の本に関する蘊蓄《うんちく》をかたむけるにちがいない。地理的にも宗教的にもまったく異なるこの三人が集まると（キリスト教徒、改宗ユダヤ人、信心深いユダヤ人）、ヴェネツィアは単なる出版の都ではなく、史上類を見ないほど輝かしき数十年間にヘブライ語書籍の出版の都でもあったことがわかる。だが、世界初のラビ聖書および初のタルムード（ユダヤ教聖典）がこのラグーナで出版されるに至った経緯を理解するには、ヴェネツィア共和国とユダヤ人との長きにわたる――複雑かつ争いの絶えない、しかし実り多い――関係を知る必要がある。

史上初のゲットーは、一五一六年三月二十九日にヴェネツィアのカンナレージョにあるサン・ジローラモ教区に建設された「ユダヤ人隔離居住区」だった。したがって、ユダヤ人のヴェネツィアへの移住はさらに時代を遡る。ヴェネツィアの南にあるジュデッカ島の名は、十三世紀に少なくともユダヤ教礼拝堂《シナゴーグ》がひとつ以上あったことに由来すると言われている（が確かではない）。一方で、舟に乗らなければ本土へ渡れないことで、ヴェネツィアで暮らすユダヤ教の律法学者《ラビ》には避けて通れない論争が起きたのは事実だ。すなわち、土曜日にゴンドラを漕ぐことが認められるかどうかという問題である。十七世紀に巻き起こった論争でも、ラビのイザイア・ダ・トラーニが労働を許されていない安息日にヴェネツィアの運河を舟で渡った一二四四年の前例が引き合いに出された。その四世紀後、ラビのシモーネ・ルッツァットはイザイア・ダ・トラーニの事例に基づいて、土曜日にゴンドラを使うのは合法であると主張したが、あまりにも現代的で法律を無視しているとして、地域の議会はその訴えを却下した。(1)

したがって、ユダヤ人は「海の女主人《ドミナンテ》」(共和国の首都だった時代のヴェネツィアの異称)では本土にのみ住むことが許されていた。一四九二年、アラゴン王フェルナンド二世と妻のカスティーリャ女王イサベル一世によってイベリア半島から追放されたユダヤ人は、そのほとんどが比較的平穏なヴェネトへ逃げてきた。転機が訪れたのは、ロンバルディアのアニャデッロでヴェネツィアがフランス軍に敗北を喫した直後だった(一五〇九年五月十四日)。この戦いの結果、ヴェネツィア共和国は領土の大半を失いかけた。ユダヤ人の多くは神聖同盟軍とフランスによって占領された本土から、ラグーナの水に守られたヴェネツィアへと逃れた。彼らは街のいたるところで暮らしはじめたが、目立ちすぎて反感を買うことを恐れ、安全な場所に集まって生活させてもらうようみずから願い出た。「国籍や宗教の異なる人間の居住区を分けるという考えはイスラム教の地域で発展し、けっして否定的な意味合いはなく、むしろ住民の安全を目的としていた(2)」。たとえばコンスタンティノープルでは、ガラティア人の地区でキリスト教徒のジェノヴァ人が隔離されて——そして監視されて——暮らしていた。「十六世紀に外国人のために建てられたヴェネツィアの有名な商館も、イスラム教国で商売をするキリスト教徒の商人の習慣を模倣したものである[3]」。ドイツ人商館の歴史は十三世紀に遡り、十六世紀になるとトルコ人商館も建設された。

したがって、ゲットーという概念も取り立てて珍しいものではなかった。ただし、ユダヤ人が自発的に分離を願い出たにもかかわらず、実際には隔離された点が異なった。一五六一年の春には、ヴェネツィア共和国政府はユダヤ人を完全に運河に囲まれた地区に居住させる。それによって、彼らは実質的に夜間に外出することができなくなった。その地区は大砲の工場の跡地で、かつて金属を鋳造していた。その「鋳造《ジェット》」が、最初に定住したドイツ系ユダヤ人によってドイツ語風に発音されて「ゲットー」と呼ばれるようになった。この語源は研究によって裏付けされているものの、この言葉自体はやがて不幸な意味を持つことになる。「居住区での生活はじゅうぶんに快適で、迫害や追放から逃れたり、あるいは単によりよい仕事と生活の環境を求めて、ドイツ系、イタリア系、スペイン系などさまざまなユダヤ人が共同生活を送っていた。彼らはそれぞれの祈りの儀式、言葉、衣装を持ちこみ、またたく間にそれらが統合してひとつのコミュニティが築かれた[4]」。

物ごとのマイナス面がプラスに転じるというのはよくあることだ。ゲットーに閉じこめられたヴェネツィアのユダヤ人は、礼拝の場所を建設することを認められた。祈りには本が必要で、それゆえ史上初のゲットーの誕生という不名誉な出来事は、たちまちヴェネツィアにおけるヘブライ語の出版文化の開花をもたらし、ヨーロッパおよび地中海に広まることとなった。「ヴェネツィアはユダヤ人を閉じこめた（中略）が、差別と隔離を示す〝ユダヤ人の柵〟の内部では（中略）

生き生きとした暮しが営まれ、いにしえのヘブライ精神に基づいて築かれた道徳的および文化的な財産が世代から世代へと受け継がれていく。（中略）本は（中略）すべての共同体において、初期の苦難の時代から生き延びるために欠かせないものだった[5]」。

現在も痕跡をとどめているヴェネツィアの大きな外国人共同体――ギリシャ人、アルメニア人、ダルマチア（クロアチア）人、ユダヤ人――のなかで、ヴェネツィア社会に多大な影響を与えたのはユダヤ人のコミュニティのみと言えるだろう。何世紀にも及ぶヴェネツィアとユダヤ人との関係は、言うまでもなく詳細に記録に残されている。黄色い帽子の着用義務が繰り返し課せられた事実は、逆に言えば、それが強制されていなかった時期もあることを示している。トルコとの戦争中に厳しい監視下に置かれたのは、オスマン帝国のスパイだと誤解されていたからだった。とりわけレパントの海戦（一五七一年十月七日）のきっかけとなったキプロス島での戦いのあいだは、そうした傾向が顕著だった。その結果、ヴェネツィアは地中海最大の島を失う。この戦いが長引いた裏には、ひとりの裕福なポルトガル系ユダヤ人の存在があった。ジョセフ・ナシはヴェネツィアがキプロスからユダヤ人を追い出したことを恨み、コンスタンティノープルへ渡ってスルタンのセリム二世の相談役となったのだ。

だが、ユダヤ人とキリスト教徒の関係が親密になった時期があったことも確かだ。ヴェネツィアのユダヤ人社会で最も重要な役割を果たしたと言われるラビに、十七世紀前半に活躍したレオーネ・ダ・モデナという人物がいる。彼の説教には、ユダヤ人以外の人も多く集まった。有名人だった彼は博打と女遊びにふけり、キリスト教徒と付きあう機会も少なくなかった。彼の弟子で、

「ゲットーの女流詩人」と呼ばれたサラ・コピア・スラムは、ヴェネツィアでも有数の名高いサロンを主宰し、そこにはユダヤ人のみならず、キリスト教徒や修道士も出入りした。一六八四〜九九年の対オスマン帝国の戦争で、フランチェスコ・モロシーニがモレア（ペロポンネソス半島）で大々的な勝利をおさめた際に、最初に祝福したのもユダヤ人だった。彼らは新たなゲットーの広場に舞台を設えて、大がかりな祝典を催した。また、ユダヤの知識人は有名な貴族の結婚に際して、しばしば詩をつくるよう依頼された。これと同じような社会的、文化的交流は、十九世紀初めのウィーンでも確認されている。

さらに注目すべきは、ウィリアム・シェイクスピアが『ヴェニスの商人』を書いたことだろう。シャイロックとバッサーニオのやりとりは、ユダヤ人が社会的に大きな影響力を持っていない街では生まれることはなかったはずだ。「ヴェネツィアで最も悪名高いユダヤ人であるシャイロックは実在の人物ではない。にもかかわらず、ウィリアム・シェイクスピアは劇中で悲劇的で病的、ときに冷酷な性格を与えて、彼を理解しがたい象徴としている。（中略）肉と血、憎しみと復讐の権化であるシャイロックは架空の人物でありながらも、本当にいてもおかしくない、きわめて現代的な存在である」(6)。象徴という意味では、ヴェネツィアのユダヤ文化を構成する要素は細かく分けることができる。「担保を取るという行為はドイツの〝国民性〟であり、海上貿易はスペイン系ユダヤ人の流れを汲む」(7)。そして、礼拝を復活させて、「伝統における文化的および科学的発展を促した」のはドイツ人だった(8)。

こうして、ほかならぬヴェネツィアでヘブライ語書籍の出版が盛んになる環境が整う。ユダヤ人の出版社が設立されなかったのは、ヴェネツィア共和国が彼らに本の出版を禁じていたからだ。ヴェネツィアに出版ブームが巻き起こり、またたく間に街は「ヨーロッパにおけるヘブライ語出版の中心地」となったが[9]、その間、ユダヤ人の出版人として名をあげたのは、後ほど詳しく説明するメイア・パレンツォただひとりで、「歴史上、最も偉大なヘブライ語書籍の出版人」[10]と名高いゲルション・ソンチーノは、たびたび志したにもかかわらず、ついにヴェネツィアの地に足を踏み入れることはなかった。彼はしばらくヴェネト地方で暮らしたのち、一四九四年にブレッシャで歴史上重要な役割を果たす聖書を出版する――いわゆる「ベルリンの聖書」、すなわちマルティン・ルターが聖書をドイツ語に翻訳する際に用いたものだ。この聖書が、やがて宗教改革への道を切り開くことになる。

ヴェネツィアではじめてヘブライ語の本を出版したのは、アントワープのキリスト教徒、ダニエル・ボンベルグである。彼は世界初のラビ聖書とタルムードを出版した。だが、そこに至るまでは苦労の連続だった。政府からヘブライ語書籍の出版許可を得るのは容易ではなく、多額の申込金を添えた申請は何度も却下された。そして、五度目の申請で五百ドゥカートを支払うと、やっとのことで十年間の出版独占権が認められた。高額な申込金は貴族の宗教的な後ろめたさの表われであり、それでもボンベルグが支払ったのは、それを超える見返りを期待していたからにほかならない[11]。一五一五年、ボンベルグはカトリックの修道士となったユダヤ人のフェリーチェ・ダ・プラートの協力を得て印刷所を設立し、ヴェネツィア政府に対して「〝ヘブライ語に精通した協力者を四人〟、できれば外国人で、黒い帽子の着用が認められた人物がいないかどうかを問いあわせている」[12]。当時はフラマン人を含めて、ドイツ語圏から多数の印刷者がヴェネツィアへ移住していた。そんななか、ドイツからコルネリウス・アデルキント——改名前はイスラエル・ベン・バルク[13]——がやってきて、タルムードの出版に尽力する。

ボンベルグが最初に出版した作品は消失してしまった。おそらく異端審問の焚書を免れなかったにちがいない。一五一七年、「アラム語の翻訳および中世の高名な評釈者による注釈を含んだ」ラビ聖書の初版が出版された[14]。「この聖書は改宗ユダヤ人のフェリーチェ・ダ・プラートが監修し、教皇レオ十世に献呈された。ユダヤ人はその監修と献呈を快く思わず（中略）その後の版のほうを高く評価した。一五二四〜二五年にかけて、チュニジア出身のユダヤ人ヤーコヴ・ベン・チャイームの監修で全面改訂された聖書が出版された。初版と同じく全四巻の二折判である」[15]。おそらく、こうした初期のヘブライ語の書籍は、ユダヤ人向けというよりは、ユダヤ人であれキリスト教徒であれ、ヘブライ語学者のためであったと思われる。レオ十世への献呈は、「ヘブライ語の本の読者がユダヤ人だけでなく、人文学者や聖職者のあいだでユダヤ文化に対する関心が高まっていたことを示していた」[16]。ヘブライ語の出版ブームが「ユダヤ文化に馴染みのない者が文学に対して真の興味を抱いた」結果であることは間違いないだろう[17]。つまり、西洋文化の発展の礎となったもともとの作品を知りたいと欲したのだ。

いずれにしても、優秀な言語学者のチャイームは改宗した先人の例には倣わず、みずからの手で膨大な写本の研究を完成させた。彼のラビ聖書はその後四世紀にわたって、すなわち一九一三年にライプツィヒでヘブライ語の聖書が出版されるまで、「ヨーロッパの、とりわけプロテスタントの神学校に普及して」規範となりつづけた[18]。「ボンベルグによって出版された数々の本のなかで、ラビ聖書は内容の面でも、商品としても、文句なしに高く評価された[19]」。

ラビ聖書の出版を手がける一方で、ボンベルグはタルムードも忘れてはいなかった。こちらのほうはコルネリウス・アデルキントが監修を担当し、一五二〇～二三年にかけて全十二巻のバビロニア・タルムードが、二二～二三年にかけては全四巻のエルサレム・タルムードが出版された。タルムードに関しても、ボンベルグ版は「文献学上の正確さと活字の美しさだけでなく、ページの割り付けの点でも」理想的で[20]、広く普及することとなる。「本文の割り付けは非常に整然としており、その後、何世紀にもわたって増刷されるたびに再現された[21]」。こうして、ヴェネツィアへ移住したフラマン人の印刷者は短期間のうちにユダヤ教のおもな書籍を出版したが、彼の活動はそれだけにとどまらず、ローマやスペイン、ドイツ、ギリシャ、果てはシリアのアレッポまで離散した数々のユダヤ人共同体からの注文も受けた[22]」。

保存状態がきわめて良好なボンベルグ版タルムード全十二巻が、他の十三世紀のヘブライ語の希少本とともにサザビーズで競売にかけられ、四千万ドルの値をつけた。現在は、ヴァルマドンナ伯爵（ピエモンテ、アレッサンドリア県の小さな町の名に由来）のジャック・ランザーが六十年かけて集めた比類ない蔵書を有するヴァルマドンナ・トラスト・ライブラリーに保管されている。ランザーは一九二四年、アントワープでイギリス人を父に生まれ、幼少時代にロンドンへ移り住み、工業用ダイヤモンドの取引で国際的に活躍する。五〇年代からヘブライ語の本の収集を開始し、五六年にウェストミンスター寺院にボンベルグのバビロニア・タルムードが人知れず保管されていることを知った。離婚を望んだヘンリー八世がユダヤ教に改宗するために注文したものだ。しかし十二巻が手もとに届いたときには、すでに時遅く、王はイギリス国教会を設立していたために、もはや役立てられることはなかった。それでも代金は支払っていたので、ウェストミンスター寺院に送られ、数世紀のあいだ眠っていたのだ。ランザーはそれを手に入れるのに十五年の歳月を費やし、一九七〇年、交換条件が成立してついに入手する。ヴェネツィアのタルムードと引き換えに、九世紀の旧ウェストミンスター寺院の規律集を「寄贈」したのだ。ランザーの甥の説明によれば、寺院の図書館司書は規律集が売りに出されていることを知っていて、「ランザーさん、お待ちしていました」と言って収集家を迎えたという。[23]

十六世紀に話を戻すと、ボンベルグの出版社に、もうひとり重要人物が加わった。同じくドイツ人のエリヤ・ベン・アシェル・ハ＝レヴィ・アシュケナージ、またの名をエリア・レヴィタといい、一五二八～四九年まで（四年間の中断を含む）、「相談役、監修者、校正者」として働いた。[24]レヴィタは一五二七年、ローマでドイツ人傭兵の略奪によって「すべての所有物、本、写本を失い、家族とともに命からがらヴェネツィアへ逃げてきて、ボンベルグの出版社で原稿の校正を行なうかたわら、キリスト教徒の貴族にヘブライ語を教えて生活した[25]」。

エリア・レヴィタは、史上初となる完全なヘブライ語の文法書の出版に名を残した。もっとも、実際にはそれまでにも出版は試みられている。有名なものとしては、「おそらくゲルション・ソンチーノが編集し、アルド・マヌーツィオが一五〇一～〇二年にギリシャ語とラテン語の文法書の付録として出した〝ヘブライ語入門〟」などがある。[26]「ユダヤ文化の古典中の古典[27]」とも言うべき『マソラのマソラ（鎖の鎖）』も一五三八年にエリア・レヴィタの手によって出版された。ヘブライ語のアルファベットでは母音を示す点がふつうに用いられているが、彼はこの本のなかで、これは昔からの用法ではなく、紀元五世紀に導入されたものだとはじめて言及し、「〃ここに注目〃と言わんばかりに」[28]人さし指を伸ばした小さな手のマークを印刷している。レヴィタは雇い主について、「出版界の巨匠、イスラエルでは稀代の芸術家である」と熱い口調で語り[29]、ボンベルグとの関係を深めつつ、エジーディオ・ダ・ヴィテルボとドメニコ・グリマーニのふたりの枢機卿にヘブライ語を教えた。ヴェネツィア貴族出身のグリマーニは、本の歴史において重要な役割を果たした。出版界でシスティナ礼拝堂のフレスコ画にも匹敵する傑作を残したのだ。『グリマーニ聖務日課書』は装飾をほどこされた八百三十二ページから成る法典で、フラマン人の画家によってページいっぱいに描かれた五十の細密画が挿入されている。枢機卿がこの書を所有していたのは一五二〇年のことだったが、現在はヴェネツィアのサン・マルコ図書館に保管されている。

「ヘブライ語書籍のアルド」――ボンベルグはかのマヌーツィオを引き合いに出して、こう呼ばれるようになった。彼が歴史に残る偉大な出版人であることは疑う余地がない。一五一六～四八年までの三十二年間に出版した本は百八十冊以上。星と円を重ねた透かし模様の入った最高品質の紙を用い、年月を経て黄ばんではいるものの、現在でもなお破れずに残っている。「教会の検閲官が多くのページをインクで塗りつぶしたが、紙は持ちこたえ、やがてインクが色あせてきたために、当時消された印刷文字がふたたび現れ、ドメニコ・イエロソリミターノ、ルイジ・ダ・ボローニャ、ジョヴァンニ・ドミニコ・カッレート（最も熱心な三人の検閲官）の努力は水の泡となった」[30]。もっとも、実際には少しばかり事情が異なる。一五二五年にボンベルグが出版した『ミシュナ・トーラ』（ユダヤの第二律法）はヴェネツィアのユダヤ人居住区にあるレナート・マエストロ図書館に保管されているが、検閲で行が塗りつぶされたページがたくさんある。たしかに印刷された文字がインクの退色によって見える部分もあるが、実際にはインクのせいで紙に穴が開いている箇所もある（この本にはスペイン語の献辞が記されている。「これは世界中で貴重な本であり（中略）イタリア中で貴重な本である」）。

ボンベルグが出版活動から身を引いた理由ははっきりとはわからない。しばらくは息子のダヴィドが跡を継いだが、やがて活字は他の出版社に売られた。その後、ヴェネツィア貴族のマルコ・アントニオ・ジュスティニアーニがリアルト橋の近くのチンクエ通りに印刷所を設立した（この通りは現在も同じ名前で、ヴィン岸とルーガ・リアルトを結んでいるが、ジュスティニアーニの印刷所は跡形もない）。彼は一五四五〜五二年までの七年間、出版活動に携わり、エルサレム神殿の商標を用いて八十六冊を刊行した。ボンベルグの会社で働いていた職人を雇い、「折しも一五四五年にヴェネツィアへやってきた当代随一のフランス人活字彫刻師、ギヨーム・ル・べに特注した活字[31]」を使ったおかげで、どれもすぐれた品質の本ばかりだった。ル・べは当時の出版界では唯一のユダヤ人、メイア・パレンツォのためにも活字を製作している。彼はボンベルグのもとで原稿の修正を行なっていたが、一五四五〜四九年にかけて、メノラー（ユダヤ教の七枝の燭台）の商標を用いてさまざまな分野の本を出版した。

ヘブライ語の出版ブームはほどなく終焉を迎えるが、そのきっかけとなった論争がある。そもそもそもは商業的な争いだったが、やがて学説上の対立へと発展した。当事者はジュスティニアーニと、キリスト教徒で貴族のアルヴィセ・ブラガディン（ボンベルグと同じく国際的な市場で活躍し、スペイン系ユダヤ人のコミュニティのために文庫版の祈禱書を出版した人物）だ。[32]〈ブラガディナ〉社が最初に出版したのはモーセス・マイモニデスの『ミシュナ・トーラ』だったが、これはプラハで勉強したドイツ人ラビで、パドヴァの反神秘主義思想家の代弁者であるマイア・カッツェネレンボーゲンが注釈をつけた版だった。ほぼ同じ時期に、ライバルのジュスティニアーニも同じ法典を出版したが、こちらにはカッツェネレンボーゲンの注釈はなかった。この注釈の有無をめぐって、ブラガディンとジュスティニアーニが対立し、ついには乱闘騒ぎにまで発展する。[33]ブラガディンはジュスティニアーニに対してタルムードの出版を妨害したと非難した。争いに巻きこまれたカッツェネレンボーゲンは、当時最も権威のあったクラクフのラビ、モーゼス・イッセルレスに助けを求める。イッセルレスは入念な聴取ののち、ジュスティニアーニの版を買った者は破門にすると宣言した。こうして第一ラウンドはブラガディンの勝利に終わったが、敵も黙ってはいない。ジュスティニアーニはライバルの出版物を異端として出版を差し止めるよう教皇庁に掛けあった。それがどういう結果を招くかをわかっていたら——出版社は相次いで閉鎖し、ヴェネツィアでは十年間ヘブライ語書籍の出版が停止され、その結果、この分野では他の都市に取って代わられる——おそらくジュスティニアーニはもう少し冷静に行動していただろう。

そのころ、ローマでは空気が変わりつつあった。一五二一年にフィレンツェ出身の教皇レオ十世が逝去した。メディチ家のロレンツォ豪華王《マニーフィコ》の息子でポリツィアーノの弟子だった彼は、洗練された教養ある人文主義者で、ミケランジェロ、ラファエロ、アリオスト、マキアヴェッリのパトロンであると同時にユダヤ文化にも関心を抱いていた。彼の死後、異端審問を主導したのがイルピーニア人の枢機卿ジャン・ピエトロ・カラファ、のちの教皇パウルス四世である。厳格かつ頑固で正説を主張して譲らない彼は、ユダヤ人を嫌い、異端者の弾圧を生き甲斐としていた。それゆえ、すぐさまヴェネツィアでの出版人どうしの論争に介入する。ジュスティニアーニとブラガディンは、みずから絞首刑の縄をカラファに差し出したも同然だった。改宗ユダヤ人の中傷のような意見を鵜呑みにした教皇に、「双方とも相手を攻撃しつつ、それぞれの出版物でキリスト教の教えに背いて冒瀆した(34)」と断定された。事態はもはや収拾がつかなかった。一五五三年八月、教皇ユリウス三世は大勅書を公布し、ヘブライ語の書籍を回収して燃やすよう命じた。バチカンの矢はとりわけタルムードと、その解釈付きの規範集に向けられた。そして、十年後に騒ぎがおさまっても、タルムードに対する排斥運動は続き、出版社は表紙に「タルムード」と表記しないことを条件に出版を許可される。その間にも、ローマでは異端審問のスパイがユダヤ人の家に押し入り、見つけた書物はすべて没収して通りに投げ捨てていた。一五五三年九月九日、すなわちユダヤ教の元旦に、ローマのフィオーリ広場でタルムードとヘブライ語の本の第一回目の焚書が行なわれた。ヴェネツィアはこれに抵抗していたものの、聖務停止を受けて（国家の破門）ついに屈した。ボローニャ出身の教皇大使ルドヴィーコ・ベッカデッリは教皇庁の要求に従い、同年十月、治安機関である十人委員会はヴェネツィアでも告発された書物を燃やすことを決定した。

ローマに遅れること一カ月、ラグーナにも炎があがった。十月二十一日、ベッカデッリはこれを実況中継さながらに報告している。「貴族の持っていたタルムードは残らず取りあげられ、リアルト橋のたもとで灰となった。ユダヤ人の所有する分は除いても、今朝はサン・マルコ広場にみごとな火柱が上がった[35]」。すでに焚書が行なわれる一年前から、莫大な損害を被ったジュスティニアーニは出版活動を辞めていた。ブラガディンも一五五三年に会社をたたんでいる。結果的にふたりとも被害者となったわけだ。

ヴェネツィアでヘブライ語書籍の出版が再開されたのは一五六三年のことだった。その間、出版は周辺の小さな町で続けられ、やがてフェッラーラ、クレモナ、マントヴァ、コルネリウス・アデルキントが移り住んだサッビオネータ、そして大司教のクリストフォロ・マドゥルッツォ枢機卿がヘブライ語の出版社を援助したリーヴァ・デル・ガルダなどが出版活動の拠点となる。ただし、「これらの出版社はすばらしい業績を残しながらも、品質においては、ヴェネツィアで出版された本を超えることはできなかった[36]」。

ヴェネツィアでヘブライ語の出版が再開されたころには、すでに対抗宗教改革の絶頂期で、ヘブライ語か否かにかかわらず、出版物はすべてあらかじめ検閲を受けなければならなかった。一五六四年以降、教皇ピウス四世は、検閲を受けて、かつ表紙に「タルムード」の文字を表記しない場合に限ってタルムードの出版を許可した[37]。ヴェネツィア共和国政府は書籍の輸入を厳しく審査することを決定し、税関に検邪聖省の職員を派遣して、到着する船荷の検査に立ちあわせた。すでに述べたように、キプロスをめぐる争いとレパントの海戦（一五七一年）の時期には出版どころではなかった。ふたたび平和が戻ってオスマン帝国との貿易が再開されると、ラグーナの岸の波風は静まったものの、すでに十六世紀初めの栄華は明らかに過去のものとなっていた。「十六世紀末には、ヴェネツィアのユダヤ人はみずから規制を定め、書籍の出版にあたっては、ラビがユダヤ教およびカトリックに対する冒瀆がいっさいないと証明することを義務づけた[38]」。

十七世紀になると、ヴェネツィアの出版界全体が暗黒の時代を迎えたが、ヘブライ語の出版だけは例外で、あいかわらずの活況だった。これには、ラビのレオーネ・ダ・モデナの存在が大きい。おそらく、彼はヴェネツィアのユダヤ人社会の歴史における最大の功労者と言えるだろう。『ハッガーダー』(過越の祭りに用いる祈禱書)がはじめて出版されたのはヴェネツィアではなかったが、本として精緻をきわめたのは、まちがいなくこの街においてだった。一六〇九年には挿絵の豊富な三冊が出版されたが、これらは言語学的な観点からも注目に値する。すなわち、「スペインの儀式のヘブライ文字による初のラディン語翻訳版、ドイツの儀式の初のイディッシュ語翻訳版、そしてイタリアの儀式のヘブライ文字による初のイタリア語翻訳版」である[39]。イタリア語版の『ハッガーダー』は、まったくのオリジナルで、ヴェネツィア方言が盛りこまれた俗語で書かれている。ヴェネツィア方言はヘブライ文字で表記することができたので、この奇妙なヴェネツィア語／ヘブライ語の版は十七世紀末まで出版される。ヴェネツィア共和国で出版されたものを手本に、一八九二年にはリヴォルノで『ハッガーダー』が出版された。一六四〇年の版——四十八ページに百点ほどの挿絵——はレオーネ・ダ・モデナが序文を書き、本文の一部も執筆している。彼は貴族向けに『ユダヤ教の儀式の歴史』を、ユダヤ人向けには『ヘブライ語およびイタリア語の新辞典』も出版しているが、その動機はユニークだ。あらゆる聖書をヘブライ語からイタリア語に翻訳するのは費用も手間もかかる。しかも、やっとのことで出版の許可を得ても、教会には目の敵にされるのが落ちだ。一方で、ヘブライ語に習熟しているのは一部の専門家に限られるため、ヘブライ語の聖書はほとんど知られていない。そこで、ヘブライ語をあまり理解できない人でも聖書を読めるように、彼は辞書を編集することにした。一六一二年に出版された辞書は「こんにちで言うところの〝お値打ち品〟」で、[40] またたく間に普及した。

いずれにしても、ヘブライ語書籍の出版は制限されながらも十七世紀末まで続いた。裏を返せば、それ以降ヴェネツィアは離散定住集団《ディアスポラ》の拠りどころとしての役割を放棄したことになる。そのため十八世紀になると、新たにリヴォルノ、アムステルダム、ロンドンといった都市があとを引き継ぐ。ヴェネツィアで最後にヘブライ語の本が出版されたのは一八一〇年のことだった。[41]

第四章　消えたコーラン

ヴェネツィアの夏は灼熱の暑さだ。とりわけ一九八七年七月二日の木曜日は、まさに押し寄せる熱波で息もできないほどだった。にもかかわらず、冷や汗をかくような出来事は起こりうる。たとえば、五百年ものあいだ行方不明となっていたコーランを手にするような事態が。はじめてアラビア語で印刷されたイスラム教の聖典は、十六世紀前半を最後に誰も目にすることがなかったために、その存在すら疑われていた。事実、そのわずか数カ月前の国際的なアラビア研究者団体の会議で、「文献による裏付けを欠いた伝説」との烙印を押されたほどだ。

ところが、その本は実在した。イタリア人の若き女性研究者、アンジェラ・ヌオーヴォの手で発見されたのである。当時、彼女は三十歳。栗色の髪にはしばみ色の目をした、背の高いすらりとした女性だ。イタリア国内でも有数の由緒ある図書館、ミラノのブライデンセ図書館に勤務しながら、自身の研究テーマであるルネサンス期の印刷者アレッサンドロ・パガニーニの足跡を辿っていた。彼は非常に興味深い人物である。父のパガニーノはブレッシャ近郊のガルダ湖畔の町トスコラーノで製紙工場を営んでいたが、ヴェネツィアへ移り住んだ。その父の血を受け継いだアレッサンドロは、「起業家精神に富み、革新的で、二十四折判を発明し、活字製作においても卓越した技術を持っていました」――現在はウーディネ大学で図書館学および書誌学の教授を務めるアンジェラ・ヌオーヴォはそう語っている。ルネサンス期のイタリアでもとりわけ名高いルカ・パチョーリの『神聖比例論』は、「アレッサンドロ・パガニーニの最も優雅な活字を用いて」印刷された。この本はレオナルド・ダ・ヴィンチが挿絵を描き、そのなかのウィトルウィウス的人体図はやがて象徴的なシンボルとなる（イタリアの一ユーロ硬貨に永遠に残されている）。そのほか、ラテン語と俗語を混ぜた雅俗混交体《マカロニック》の代表的な作品であるテオフィロ・フォレンゴの全十七篇の風刺詩『バルドゥス』も、一五一七年にパガニーニによって出版されているが、こんにちでは残念ながらほとんど取りあげられることはない。

若き女性研究者は、この印刷者によって出版された非常に稀有な原本がサン・ミケーレ島の修道院の図書館に保管されていることを知っていた。この場所について少し説明しよう。現在ではヴェネツィアの墓地として知られる島は、ナポレオン時代に、サン・ミケーレとサン・クリストフォロ・デッラ・パーチェのふたつの島を隔てる運河を埋め立ててひとつに造成された。この墓地には、アメリカの詩人エズラ・パウンドやロシアの作曲家イーゴリ・ストラヴィンスキーの遺体が眠っている。だが、サン・ミケーレのベネディクト会修道院の歴史はさらに古く、イストリアの大理石を用いた真っ白な教会は、ルネサンス時代の建築家マウロ・コドゥッチの傑作のひとつに挙げられる。

この古い修道院の図書館は、ナポレオン時代に言論が弾圧される以前には四万冊の本と二千三百冊の写本を所蔵していた。なかには、一四五九年に死去するまでこの修道院で地図制作に励んだ修道士マウロ・ダ・ヴェネツィアの本など、きわめて貴重な作品も含まれていた。その後、本の大半はサン・マルコ図書館へ移される。ナポレオンの嵐が過ぎ去ると、一八九二年、フランチェスコ修道会は無人だった修道院に墓地の管理を割り当て、それと同時に修道士たちは新たな図書館をつくる準備を始めた。一八六六年のイタリア統一の直後にも言論の弾圧が行なわれたが、リベラルで反教権主義の新生イタリアが修道院には「くだらない祈りの本」しかないと思いこんでいたおかげで没収を免れた。

現在は、修道院と教会はふたたび無人となり、蔵書は二〇〇八年の夏にサン・フランチェスコ・デッラ・ヴィーニャ教会の新しい図書館に移された。サン・ミケーレとは目と鼻の先の、ラグーナの突き出た部分にある教会だ。一九八七年、すなわちアンジェラ・ヌオーヴォがこの地を訪れたとき、図書館は小柄で痩せた老修道士の手によって管理されていた。非常に博識で、蔵書について知り尽くしていたその修道士は、名をヴィットリーノ・メネギンといい（一九〇八〜九三年）、プレアルプス地方の小さな町フェネルの出身だった。この町の近くを流れるピアーヴェ川は、第一次世界大戦でイタリアがオーストリア軍に抵抗した場所として知られる。メネギン神父は古い記録を入手して、半世紀前に修道院の図書館の本や小冊子の目録を作成していた。

彼は図書館を厳重に管理し、誰ひとり中に入れようとしなかった。当時はヴェネツィア大学、現在はミラノ大学で図書館学と書誌学を研究しているジョルジオ・モンテッキは、こう語っている。「あの図書館は研究者のあいだでも知られていなかった。だからといって、興味深い本が一冊もないとは考えていなかった。蔵書の大半がサン・マルコ図書館と一致するからだ」だが、その間にもイタリアの文化財・文化活動省が十六世紀の書籍のカタログを作成し、それによって、世界に二冊しかないアントニオ・ダ・アトリの勤行の画集の一冊がサン・ミケーレの修道院にあることが判明した。これは一五一四年にアレッサンドロ・パガニーニが出版したもので、もう一冊はスペインのセビーリャにある。モンテッキはセビーリャのコロンビーナ図書館を訪ねたが、あいにく図書館は閉まっていて閲覧できなかった。それを見たい気持ちは、パガニーニを研究している彼の教え子のアンジェラ・ヌオーヴォも同じだった。だが、その願いはかないそうになかった。ヴィットリーノ・メネギンが図書館の公開を拒んでいたからだ。ところが、往々にして偶然は起こりうるものである。ヴェネツィア大学中央図書館の館長アンナ・ラヴァッリが、ほかならぬメネギン神父に懺悔をしていたのだ。そこで彼女の仲介によって、ふたりの研究者と図書館を管理する神父の面会が実現した。

このフランチェスコ修道会の修道士が図書館に誰も入れたがらなかったのは、役所に大切な本を没収されるのではないかと心配していたからだ。あとでわかったことだが、修道院の古書はすべて引き渡されたわけではなかった。まだ多くの写本が隠されたまま島に眠っていたのだ。さらに、図書館の一室には数千冊——おそらく五千冊ほど——の本があり、そのなかには十八世紀前半の古書が含まれ、いずれも「ヴェネツィア市役所」の領収印が押されていた。市役所がサン・ミケーレに蔵書を預けたまま忘れていた可能性もある。ふたりの研究者から、市役所は本がどこに保管されているかは知らず、したがってとっくに取得時効が成立していると聞くと、修道士は胸を撫で下ろした。

蒸し暑い七月二日の午前中、モンテッキ教授は大学で試験を行なわなければならず、そのため彼とアンジェラ・ヌオーヴォは午後一番で小型船《バッテッロ》に乗って、亡き夫の墓参りをするおおぜいの老婦人たちとともにサン・ミケーレの港で降りた。回廊を通って墓地に散らばるヴェネツィアの未亡人たちを尻目に、アンジェラと教授は左手のドアを開けて、分厚い壁に守られたひんやりした修道院に足を踏み入れた。そこで、閲覧を求めた本がふたりを待っていた。

パガニーニの印刷した本をひと目見るなり、女性研究者は修道士が五十年前にタイプライターで作成した目録を見せてほしいと頼んだ。まだインターネットがなかった時代だ。棚にどんな本が並んでいるかを知るには、とりわけこうした小さな図書館の場合、直接赴いて調べなければならなかった。アンジェラ・ヌオーヴォが目録に目を通しているあいだ、ジョルジオ・モンテッキは後ろめたさを覚えつつも修道士と世間話をしていた。警戒心を解こうとする一方で、研究者として興味深い話を聞けるかもしれないと考えたのだ。すると、アンジェラ・ヌオーヴォの目が〝Alcoranus arabicus sine anno〟（出版年未詳アラビア語のコーラン）にとまった。彼女はそれを見せてもらえないかどうか尋ねた。だが、その本が保管されているのは修道院の修行の場で、そこは女人禁制だった。そこでモンテッキ教授がメネギン修道士と図書館へ向かった。図書館は二階にあり、一室には修道士が没収を恐れている市役所の本が、別の部屋にはさらに古い時代の貴重な本が保管されていた。部屋には一枚の古い写真が飾られており、それほど広くは見えない。壁は本や絵画で埋め尽くされ、わきにはふたつの窓。中央には大きな書見台が置かれている。コーランが出てきたのは、この二番目の部屋の棚からだった。教授は十六世紀の本を見分けることができた。もちろん、その本も。「窓から墓地が見える場所で、このよみがえった本を受け取ったことをいまでも鮮明に覚えている」とモンテッキ教授は語っている。修道士のあとに続いて一階に下りた彼は、面会所を見やって、教え子に得意げな顔を向けた。

こうして、アンジェラ・ヌオーヴォの手もとに本が届いた。ページを開き、所有者の記名を見たとたん、彼女はすぐに理解した。「外は三十度を超える暑さだったにもかかわらず、寒気を感じました」彼女はこう振りかえっている。そして、教授のほうを見て断言した。「これです」教授は学者らしく、すぐには信じようとしなかった。「確かかね？」だが、ヌオーヴォはこれっぽっちも疑っていなかった。「はい」

この消えたコーランについて判明している数少ないことのひとつに、ルネサンス期の東方言語学者でパヴィア出身のテセオ・アンブロージオ・デッリ・アルボネージ（一四六九～一五四〇年）が所有していたという事実がある。そして、サン・ミケーレ島に保管されていた〝Alcoranus arabicus〟には、まさしくテセオ・アルボネージの署名があった。「パヴィアの書庫にあった蔵書は、彼の死後、すべて散逸していましたが、そのうちの何冊かを見たことがあります」ヌオーヴォは証言する。「署名の筆跡はまさしく同じでした。さらに、この署名によって本の出版時期が特定されます。というのも、アルボネージは一五四〇年に死んでいるからです」このコーランが出版されたとされる時期は、まさにこのころだった（一五三八年にアレッサンドロ・パガニーニは出版活動を中断したために、それ以降ではない。理由については後述）。

「見つけたのは彼女で、私はおしゃべりをしていただけだ。彼女が目録で発見した。発見というのは認識であり、彼女はそれに気づいたのだ」いまでもジョルジオ・モンテッキはそう語っている。一方のヌオーヴォは、顔を輝かせてメネギン神父に発見を告げ（神父はややうれしそうにしながらも仰天し、五十年以上も保管していながら、それがどんな本であるかに気づかなかったことを理解しなければならなかった）、メネギンが仲間の修道士たちに知らせると、みな貴重な本をひと目見ようと集まってきた。「コーランはおおぜいの父親とひとりの母親に囲まれていました」アンジェラ・ヌオーヴォはそう表現した（しかし修道士たちは、外から来た若い娘が自分たちの住居に入りこむなり、それまで気づきもしなかった宝を見つけたことを快く思ってはいなかった）。その晩、モンテッキ教授は発見を祝して、教え子をヴェネツィアのレストランへ連れていった。「すばらしい夜だった」懐かしそうに語りながら、教授はそのときに同僚に出くわして、後日こう言われたことも思い出した。「それにしても、あの晩は何をしていたんですか？　若い女性とふたりで通りではしゃいだりして……」

アルボネージの名に続いてコーランに記されていたのは、クレモナの検邪聖省の司教代理マンカスラ・デ・アズーラで（偶然にもアンジェラ・ヌオーヴォはクレモナの出身）、彼はコモで異端審問の責任者を務めていた。このコーランが異端審問を免れたのは、おそらくこれが危険な本だと思われなかったからだろう。何しろアラビア語を読めるどころか、少しばかり知識がある者さえいなかったにちがいない。そのうえ、ひとたび対抗宗教改革が始まると異端審問はそれほど厳しく行なわれず、やがて廃れていく。

その後、コーランは忽然と姿を消し、若き女性研究者の手に取られるまで歴史の闇にのみこまれていた。「何世紀ものあいだ消失したと思われていた本。さまざまな仮説が渦巻き、謎めいた――けっして好意的ではない――伝説さえ生まれた。ヴェネツィアで出版された世界初のアラビア語のコーラン。古書の世界では、いまなお最も魅力的な研究対象であり、西洋と東洋の文化の架け橋でもある本が、ちょうど四百五十年前に出版されたのと同じ街で、きわめて良好な状態で再発見された」。紛失した本の再発見を世界じゅうに知らせる論文で、アンジェラ・ヌオーヴォはそう書いている。(1)

「コーランの印刷部数はそれほど多くないはずでした」いまや教授となったヌオーヴォはそう指摘する。「この再発見以降、コーランを目撃したという証言はすべて信憑性を帯びてきました。そのなかで最も重要なのが、〝ヴェネツィアで出版されたアラビア語のコーラン〟を指すアルボネージの本です」。当時は中近東の言語に対する関心が高まっていた。アルボネージはヘブライ語、シリア語、アラビア語、アルメニア語、エチオピア語を理解し、広く使われている言葉から、誰も聞いたことがなくても理解できたらおもしろい「悪魔の言葉」といったきわめて珍しい言葉まで、東方諸国のさまざまな言語の入門書を出版している。したがって、コーランが出版された際に彼がヴェネツィアへ行き(当時は東方諸国への門と謳われ、そうした学問に関心のある者にとっては重要な拠点だった)、一冊手に入れてパヴィアへ持ち帰ったとしても不思議ではない。他の東洋学者が誰も触れていないところを見ると、おそらくそれがイタリア、ひいてはヨーロッパに現存する唯一の版ということになるだろう。

前述のとおり、このコーランはクレモナを最後に消息を絶っている。何が起きたのかということとについては、のちほど考察するとして、まずは再発見までの経緯を説明しよう。どういう経路を辿ったのかは知らないが、コーランはチェネーダ――一八六六年にセッラヴァッレと合併してヴィットーリオ・ヴェネタとなる――にやってきた。この小さな町はモーツァルトの台本作家エマヌエーレ・コネリアーノ――洗礼後にロレンツォ・ダ・ポンテと改名――の出身地で、現在エルサレム博物館に展示されているシナゴーグ内部の木材もここで採取されている。どれだけの期間かは定かではないが、コーランはしばらくこの町の修道院に保管された。ここもやはり言論弾圧の波は免れなかったが、さいわい修道士たちが貴重な出版物だけは救出した。いわく「棚に風を通した」、つまり本を役人が足を向けない場所へ移したのだ（役人は来訪を告げるので、いつ、どこに現われるのかはわかっていた）。このとき、図書館の財産は神学校に運ばれた。最初に再開したフランチェスコ会の修道院との取り決めで、神学校は国による没収の対象外とされていた。そして、若い修道士たちにヴェネツィアの墓地の管理が任命されると、コーランを含む本も一緒にサン・ミケーレ島へ向かうこととなったわけだ。

ずっと一カ所の図書館に保管され、定期的に目録も作成されていたにもかかわらず、誰もこの本の価値に気づかなかった理由はきわめて単純だ。誰もコーランを読めなかったからである。「五世紀ものあいだ、これを目にした者はどんな本であるかを理解せず、したがって手に取っても廃棄することはありませんでした」。本による盛大な焚き火が珍しくなかった時代を思い起こしながら、ヌオーヴォは指摘した。

パガニーニのコーランはすべてアラビア語で、出版の日付や場所も記載されておらず、おそらくコーランであろうというアルボネージのメモ書き以外はラテン語もいっさい見当たらなかった。当時のヨーロッパ全体でも、アラビア語を理解する学者はほんのひと握りだった。アルボネージ以降の所有者がアラビア語を理解できれば、あるいは『千夜一夜物語』も早くに話題になっていたかもしれない。無知というのはしばしば致命的だが、かえって幸いする場合もある。これがパガニーニのコーランであると特定するには、手がかりを知らなければならない。アンジェラ・ヌオーヴォはそれを知っていて、ほかの者は知らなかった。それだけのことだ。だが、発見というのは偶然と運によるところが大きい。この場合は、たまたまこのふたつがかみ合った。捜していたものとは別のものに出くわした。そして、それが計り知れない価値を持つ宝だったというわけだ。

世界で最初に出版されたコーランを発見したことにより、アンジェラ・ヌオーヴォは書誌学界においてハワード・カーターとカーナヴォン卿（ツタンカーメンの墓の発見者）に匹敵する存在となった。「この発見で人生が変わることはわかっていました。図書館員から研究の道へ進んだ私は、この出来事によって、もはや後戻りはできなくなったのです。こんにち、この分野でこれほどセンセーショナルな発見をするのは、きわめて稀なことですから」。そして、この七月の灼熱の午後を境に、若き女性研究者は大学教授となり、彼女の名声はイタリアの国境を越えて広まった。

その後もアンジェラ・ヌオーヴォは重圧に負けることなく、研究者としての期待に応えている。「すぐに論文を書く必要があったので、コーランを詳しく調べてメモを取りました」彼女の功績はもうひとつある。この発見によって、同書の作者も明らかになった。「あらゆる特徴は、十六世紀前半のものであることを示していました。アルボネージのことを知らなければ、十七世紀か十八世紀に出版されたものだと考えていた可能性もあります」。

若き女性研究者はミラノへ帰ったが、すぐにヴェネツィアに舞い戻り、細心の注意を払って彼女のコーランを分析した。そして、言葉だけでは足りずに写真も撮影した。実物を発表して証拠を示す必要があったからだ。ニュースが広まれば、誰かが発見の手柄を横取りする恐れもある。「すぐに専門誌『ラ・ビブリオフィリア』編集長のルイジ・バルサモに電話をした。九月号のページを確保して、発見の成果を発表するためだ」モンテッキ教授が打ち明けた。

もっとも、これはコーランを保護するためには必要な措置だった。「誰にも知られないあいだは価値はないが、ひとたび知れ渡れば、このうえなく貴重なものとなる」と教授は語っている。

発見のニュースが発表されると同時に、学会からは羨望の嵐が巻き起こった。アンジェラ・ヌオーヴォは思い出したくもない不愉快な目にもあった。モンテッキ教授は、「学問の世界は男性優位だ」とこともなげに言う。一方で、ヌオーヴォは賛辞を贈ってくれた人物を忘れてはいない。当代随一のイタリア人アラビア学者で、ローマの科学アカデミー会長でもあるフランチェスコ・ガブリエーリもそのひとりだ。彼はヌオーヴォに手紙を書いた。もうひとり、いまは亡きジョルジオ・ヴェルチェリンは、ヴェネツィア大学でアフガニスタンの言語と文学を研究していたが、彼も長年、このコーランを捜していて、発見するためにはアラビア学者と司書の力を合わせなければならないことに早くから気づいていた。ヴェルチェリンに教え子はいなかった。当時のアフガニスタンはソビエト軍に占領されており、その国の言語や文学をわざわざ勉強しようという物好きはいなかったからだ。そのため、別の研究を手がける余裕があった――消えたコーランを見つけることは、彼にとっていわば使命のようなものだった。

コーランの発見は書誌学のみならず、アラビア研究の世界にも衝撃を与えたが、どちらかと言えばイタリア国内よりも海外のほうが反響は大きかった。アンジェラ・ヌオーヴォはパリへ行き、アラブ世界研究所を訪れて、当時のフランソワ・ミッテラン大統領と面会した。そして、わずか数カ月のあいだに、あらゆるアラビア研究団体に招かれて、さまざまな新聞や雑誌に取りあげられた。対するイタリアのメディアは、発見についてほとんど触れていない。にもかかわらず、これが国の偉業であることは間違いない――世界ではじめて出版されたコーランは、イタリアで出版され、イタリアに保管され、イタリア人の手によってイタリアで発見されたのだから。これが他の国だったら、お祭り騒ぎになっていたにちがいない。だが、イタリアでは一九八八年六月、他の宗教にも寛容なカトリック系の週刊誌『ファミーリア・クリスティアーナ』に短い囲み記事が載り、また発見からほぼ二年後の一九八九年三月に、日刊紙『イル・ジョルナーレ』の文化面に掲載されたアラビア学者のセルジオ・ノジャ教授の論文で取りあげられた程度だった。「初のアラビア語のコーランの印刷は、じつにすばらしい試みと言える」、教授はそう評価している。(2)「東方諸国はほとんど関心を示さなかった」。モンテッキ教授は打ち明けた。「コーランの発見はささいな出来事で、グーテンベルク聖書やアルド・マヌーツィオの出版といった周知の事実には含まれない。最初のコーランがヴェネツィアで出版されたことは、ほとんど誰も知らないだろう。

それでも、ヴェネツィアの印刷所のレベルが抜きん出ていたことを示している」。

もっとも、それ以来、研究者のあいだではコーランの初版は注目の的となり、頻繁に展覧会で展示されたり、会議で報告されたりしている。二〇〇八年には、BBCの一団がドキュメンタリーの撮影にヴェネツィアを訪れた。イスラム諸国での反響も大きい。チュニジアでは、アンジェラ・ヌオーヴォの論文のアラビア語訳が出版され、イスラム世界の文化・社会・経済の活性化を目指すアーガー・ハーン財団や、サウジアラビアの大学からのコンタクトもあった。だが、こうしたコンタクトはかならずしも実を結んだわけではない。「イスラム世界では、この発見が女性の手によってなされた事実が受け入れがたいんです」とヌオーヴォ教授は説明する。ときおり、アラブ諸国からこのコーランを見に訪れる者もいる。サン・フランチェスコ・デッラ・ヴィーニャ図書館の受付係によれば、つい最近はオマーンの族長《シーク》が現われ、しばらく前にはサウジアラビア王室の男性も訪れたという。

現在、世界初のコーランはリーノ・スガルボッサ神父の手で管理されている。前述のとおり、二〇〇八年からサン・フランチェスコ・デッラ・ヴィーニャの図書館が新築されるまでのあいだ、同書はサン・ミケーレの古い修道院に保管されていた。この場所にはほかにも有名な本がある――「写本どおりの」、すなわち注釈のないヘブライ語聖書の第三版（一五二五年）だ。一カ所のカトリック修道院で、イスラム教やユダヤ教の宝典が十メートルと離れていない場所に何世紀ものあいだ保管されていた。三つの宗教が血を流すことなく共存できたのも、まさにヴェネツィアならではの出来事で、けっして偶然ではあるまい。

サン・フランチェスコ教会は、重要な教会が数多あるヴェネツィアのなかでも、とりわけ注目に値する。全体の設計はサンソヴィーノ、ファサードはアンドレア・パッラーディオが手がけ、内部にはジョヴァンニ・ベッリーニの描いた「聖会話」の絵を擁している。にもかかわらず、主要な観光ルートからは外れているために、観光客は少ない。図書館は修道院に隣接していたが、現在は修復を終えたばかりの建物に移された。二階の窓からは修道院の菜園やぶどう畑、ラグーナ、そしてサン・ミケーレ島のレンガの壁を見わたすことができる。コーランの辿った道は、おそらくそれほど長くはないだろう。ヴェネツィアでは、ぶどう畑は本の初版と同じくらい珍しい。レデントーレ教会にもあるが、この場合は本土ではなくジュデッカ島だ。その昔、サン・フランチェスコ・デッラ・ヴィーニャにぶどう畑《ヴィーニャ》があったのは、その名が示すとおりだが、誰も畑をつぶして建物などを建てようとしなかったのは稀なケースと言える（近隣にはガスタンクなどの建設が目立つにもかかわらず）。これはまったくの偶然だが、その結果、修道士たちは一年のうちの数カ月間、ヴェネツィアのワインを飲めるという貴重な特権を享受している。

リーノ神父は現代的なフランチェスコ会の修道士だ。規律どおりサンダルは履いているものの、底が足の指の形にくぼんでいて、マジックテープで留めるタイプのものだ。服は黒だが、ポロシャツと尻に小さなポケットのついたショートパンツ。その彼が、棚からコーランを取り出して訪問者に見せている。コーランは日光や埃から保護するために厚紙の箱に収められていた（サン・ミケーレで放置されていたあいだは、他の本と一緒に棚に立てられていた）。とくに大きいわけではなく、せいぜいA4サイズといったところだ。飾り気のないなめらかな羊皮紙の装丁は十八世紀のものにも見える。ページは同じ大きさになるように周囲が裁断され、アレッサンドロ・パガニーニは鮮やかな細密画の装飾をほどこすために囲み枠を小さくしたにちがいない。背の部分にラテン語で〝Alcoranus arabicus sine anno〟と記されている。書架番号は〝Rari－A V.227〟。表紙の裏側には、誰かが薄く鉛筆でページ数——四百六十四ページ——を書きこんでいた。「とても美しい本です」とアンジェラ・ヌオーヴォは断言している。事実、実物を見ると紙は厚みがあり、活字はぶれがなくきわめて鮮明で、行はまっすぐだ。保存状態も申し分なく、ページの端にわずかな湿気の跡が見られるものの、中身は無傷で、印や汚れはいっさいなく、まるで数日前に印刷されたばかりのように見える。ところどころセピア色のインクで記されているのは、この宝の本を見つける手がかりとなったテセオ・デッリ・アルボネージの手によるメモ書きである。このルネサンス時代の申し子は、そうとは知らずに、異なる宗教でも対立するだけでなく、望めば対話も可能であることを示す書を現代のために救い出した。

ヴェネツィアでイスラムの聖典が出版されたのは、利益を目的とした商業的な試み——結果的に失敗に終わる——だった。この計画は一見、不合理に思えるが、じつは非常に大きな可能性を秘めていた。サン・フランチェスコ・デッラ・ヴィーニャに保管されているコーランが、アンジェラ・ヌオーヴォの指摘どおり散逸を免れた唯一の版であろうと、あるいはフィレンツェ大学の元アラビア研究の教授でエジプト人のマームード・サレム・エルシェイクが主張したように、刊行予定の本の下書きであろうと、どちらでも大差はない。大事なのは、ヴェネツィアの出版人がコーランを出版して、オスマン帝国の領土に普及させるつもりだったということだ。仮に目論見どおりに事が運んでいれば、大成功をおさめたにちがいない。だが、あいにく実際にはうまくいかなかった。コーランが出版された一五三八年以降、アレッサンドロ・パガニーニは出版活動から手を引いている。アンジェラ・ヌオーヴォの洗練された言葉を借りると、こうなる。「このアラビア語のコーランの歴史は、才能豊かな同業者たちが自由に競いあう、生産力と力強いエネルギーに満ちたヴェネツィアの印刷の歴史そのものです。(中略) きわめて多くの信心深い潜在的な読者に支えられて、どれだけ巨大なビジネスに発展する可能性があったかを想像してみてください。その試みが実現しなかったのは、ひとえにヴェネツィアの置かれた立場と歴史に起因するでしょう[3]」。いずれにしても、パガニーニの脱落によって、もはや誰ひとり——ヴェネツィアでも、それ以外の都市でも——コーランの出版は考えていないという噂が広まった。当時の印刷所のあいだでやりとりされた手紙では、この出来事についてはいっさい触れられておらず、それから何十年もたった十六世紀末になって、フィレンツェのメディチ家の印刷所が新たにアラビア語の書を出版した。だが、このときには教会から資金の提供を受けているため、まったく状況が異なる。メディチ家の印刷機から生まれたのは、アラビア語を話すキリスト教徒向けの福音書だった。

東方諸国が莫大な市場になりうると考えたのは、じつはパガニーニがはじめてではなかった。一四九八年、デモクリート・テッラチーナという人物が、「アラビア語、シリア語、アルメニア語、ヒンドゥー語、ベルベル語」の作品に対する二十五年間の印刷特認権を申請している[4]。だが、この洞察力が実を結ぶことはなく、結局は何も出版されなかった。彼の息子たちが更新を申請したが、やはり権利を行使することはなかった。期限は一五三八年、まさにわれらがコーランの出版された年である。いずれにしても、ヴェネツィアの印刷者はまったくの異国のアルファベットに挑む気概にあふれていた。一五一五年にも、ジョルジオ・ルスコーニがラグーサ（現ドブロヴニク）周辺のギリシャ正教徒向けにキリル文字の祈禱書を出版した（ラグーサ自体はカトリックの街）。彼の娘のダリアはアレッサンドロ・パガニーニと結婚し、おそらく持参金代わりに高度な印刷技術を彼に伝えたと考えられる。だが、アラビア語の文字を印刷することにくらべたら、キリル文字――あるいはアルメニア文字、グラゴール文字、ギリシャ文字――などは朝飯前にちがいない。「アラビア文字の印刷は、キリル文字よりもはるかに問題が多かった。（中略）これはアラビア語の流れるような書体のためである。（中略）アラビア語の最大の難点は文字の結合で、印刷の位置や装丁によって形も異なることだ[5]」。

アラビア語が本に登場したのは、一四八六年に出版されたベルンハルト・フォン・ブライデンバッハの『Peregrinatio in Terram Sanctam』（聖地巡礼）が最初である。続いて一四九九年のアルド・マヌーツィオによる『ポリフィルス狂恋夢』でも用いられているが、どちらも木版印刷であり、活版印刷ではない。はじめて印刷機から出てきたのは、それから十五年後の一五一四年、中近東のキリスト教徒に向けた宗教書『諸々の時間の祈りの書（聖務日課書）』である。出版されたのはマルケ州ファーノ、すなわち教皇領で、おそらくヴェネツィア共和内でアラビア文字の使用を禁じるテッラチーナと息子たちの印刷特認権を回避するためだったにちがいない。この本を出版したマルケ州の印刷者、グレゴリオ・デ・グレゴーリには、ヴェネツィアに協力者がいた――ほかならぬパガニーノ・パガニーニである。

したがってパガニーニの印刷所では、すでにコーランの出版という冒険に挑む下地が整っていたことになる。「宗教にとらわれない公明正大な試みは、こんにちでも評価に値する。おそらく起業家精神と、突飛な行動を恐れない意気込みから生じたものだろう」[6]。すでに述べたように、パガニーニ親子は材料には不自由しなかった。「彼らは紙の製造と販売を手がけていた。ガルダ湖畔のトスコラーノでつくられた最高品質の紙はアラブ・トルコの市場で人気があり、したがって、余計なコストをかけずに、白い紙と合わせて印刷された紙も取引することができた」[7]。

言うまでもなく、膨大な資金の投入は避けられなかった。活字の製作にはおそらく何年もかかり、少なくとも植字工とアラビア語の校正者がひとりずつ必要となる（ヴェネツィアでは人材には事欠かなかったが）。そのうえ、前述のとおり高級紙に鮮明な活字で印刷された、申し分のない出来上がりである。これだけ手間ひまをかけていれば、エルシェイク教授が――身元はわからないものの――特定の発注者の存在を指摘したのも無理はない。いずれにしても、アレッサンドロ・パガニーニの印刷所からアラビア語が印刷された二百三十二枚の紙が生まれ、最初の所有者であるアルボネージの手に渡った。このコーランは彼の研究に大いに役立ったにちがいない。それが出版されたことを知って、ヴェネツィアへの旅行中に入手したか、送らせたのだろう。彼の所有していたコーランがヨーロッパに現存する唯一の版であることは間違いない。ひょっとしたら、イスラム諸国のどこかの図書館でひそかに眠っているかもしれないが、いまのところ捜索は行なわれていない。したがって、このコーランの出版時の状況が判明したのは、まさにアルボネージのおかげである。彼は、コーランの噂を聞きつけたフランス人思想家のギヨーム・ポステルが印刷に使われた活字を買おうとしたエピソードを紹介した。結局、それらの活字は散逸していたために実現しなかったが、一五六八年三月四日にフラマン人の東洋学者アンドレア・マースに宛てて書いた手紙で、ポステルはコーランが三十年前にヴェネツィアで出版されたと明記している。この手紙によっても、コーランがアレッサンドロ・パガニーニの業績であることが裏づけられるだろう。アンジェラ・ヌオーヴォは、印刷は一五三七年八月九日〜三八年八月九日のあいだに行なわれたと結論づけた。一五三八年はパガニーノ・パガニーニがこの世を去り、息子のアレッサンドロが出版活動を辞めた年でもある。

このコーランの辿った運命はいまだ謎に包まれており、われわれは仮説を立てることしかできない。「十七世紀にはすでに紛失していて、当時の目録にも、現在の目録にもいっさい記録は残っていない(8)」。十七世紀後半のドイツの史料に、このコーランと活字が船でコンスタンティノープルへ送られたと記されているものがあるが、真偽のほどは定かではない。実際、印刷者がライバルのいない都市に印刷所を設立し、統治者に気に入られるべく多数の本を献呈すると同時に、既刊本を見せて、みずからの印刷技術を示すことはごくふつうに行なわれていた。自分で選んだ場所に進出する代わりに、印刷者は印刷特認権を申請するが、通常、統治者は喜んで認める。本の出版は領民の心と懐を豊かにする活動だからだ。したがって、パガニーニ親子が同業者がイタリア各地で行なっていたことを国境を越えて実現しようとした可能性は大いにある。だが、その思惑は大きく外れた。結果は惨憺《さんたん》たるものだった。何ごともドイツに倣っていたスルタンは、これを悪魔の書、異教徒による冒瀆《ぼうとく》であると考え、活字と本を載せた船を港から追い出して海の底に沈めるよう命じた――。

この説が事実か否かにかかわらず、あるいはサン・フランチェスコ・デッラ・ヴィーニャに保管されていたものが失敗した試みの証拠にすぎないにせよ、アレッサンドロ・パガニーニがヴェネツィアの出版界から姿を消すとともにこの本も行方不明になったことは事実だ。一六二〇年、トマス・ヴァン・エルペ（トマス・エルペニウス、オランダ人の東洋学者）は、著書『Rudimenta linguae arabicae』（アラビア語の初歩）のなかで、一五三〇年ごろにヴェネツィアで出版されたアラビア語のコーランについて触れているが、一冊残らず燃やされたと記している[9]。対抗宗教改革の真っ只中――それゆえ本が燃やされた時代――に、新教徒がコーランの消失を教皇庁による焚書のせいにしても不思議ではない。だが、実際にはそうでなかった。この仮説は検邪聖省の司教代理がコーランを承認したことによって打ち消される。おまけに、教会が誰も読むことのできない本を恐れる理由はあるまい。「その後のコーランの歴史を考えると、教皇による弾圧説が理屈に合わないことがわかる。一五四七年にヴェネツィアでアンドレア・アッリヴァベーネによってコーランのイタリア語訳が出版されたが、どの教皇も焚書に処することはなく（誰もが理解できる内容で大いに危険性があったにもかかわらず）、現在に至るまで数多くの版が保管されている[10]」。このコーランは「ヨーロッパ各地やレバント（東部地中海沿岸地方）で発見されたため、かなり普及していたと考えられる[11]」。さらに、一五四三年にはバーゼルでラテン語訳のコーランが確認された。

いずれにしても伝説は消えることなく、一六九二年にはドイツのテューリンゲン州グロイセン出身の歴史学者、ヴィルヘルム・エルンスト・テンツェルが、神はアラビア語によるコーランの出版をお許しにならず、あえて行なった者にはすぐさま死の罰が与えられると主張して、教皇による焚書説を支持した（即死ではないにせよ、父パガニーニが出版後まもなくこの世を去ったことがその証）。たび重なる嘘は真実となりうる。新教徒が繰りかえしコーランが教皇によって燃やされたと主張したために、やがてカトリック教徒も同じ説を信じるようになった。十九世紀になっても、パルマの研究者ジョヴァンニ・ベルナルド・デ・ロッシがこの件に固執し、同世紀末にスコットランドの歴史学者ホレーショ・ブラウンの説を支持した（「アラビア語のコーランはパガニーニによって一五三〇年に出版された[12]」）。その後はしばらく沈黙が続いたが、一九四一年に考古学者で東洋学者のウーゴ・モヌレ・ド・ヴィラールがはじめて「教皇による弾圧は証拠史料に欠けるため、信憑性がない」と宣言した[13]。幸運かつ波乱含みの再発見のわずか三年前に、アラビア語書籍の専門家であるジェフリー・ローパーが「一冊も現存していないヴェネツィアの謎のコーラン[14]」について言及し、前述のように実在を疑う声もあがるようになった。

ここで、ふたたびパガニーニとコーランの話に戻ろう。彼の目的は文化的ではなく商業的なものであり、「まだ印刷された版を持っていないイスラム教徒[15]」に向けて輸出するつもりだったことはほぼ確実だ。ありえないとは思うが、ヨーロッパの東洋学者に向けたものであれば、当時使われていたさまざまな言語の版を準備していたはずだ。ところがパガニーニのコーランはアラビア語のみで、その意味では同時代の他の本とは明らかに異なっている。通常は、「ヨーロッパの市場内のキリスト教徒」を読者として想定していたからだ。さらには、アラビア語が普及している地域へ輸出するどころか、ヨーロッパ在住のイスラム教徒を顧客として考える者さえいなかった」[16]。「結局のところ、コーランは消えたわけではない。単にヨーロッパで普及しなかっただけだった」[17]。あるいはエルシェイクの主張によれば、正式に出版されたのではなく、原稿の段階のままだった。一方で、二〇〇七年に死去したイスラム研究者のジョルジオ・ヴェルチェッリンは、「みごとな二折判で、他の版が消えてしまったことを考えると、現在まで残っているのは二度とない奇跡である」[18]として、行方不明説にかたむいていたようだ。いずれにしても、パガニーニ親子にとって、ビジネスの計画が頓挫することは想定外だった。しかしながら、時期尚早だったと言わざるをえない。当時はコーランと筆記者は切っても切れない関係だった。イスラムの書はイスラム教徒の専門の律法学者が手書きで書かなければならず、写本時の誤りの責任は個人的に負い、「ひとつでも間違えれば打ち首にされる恐れもあった」とエルシェイクは説明する。パガニーニのコーランは、手で装飾を描きこめるように、ページ枠にじゅうぶんな余白をとっているものの、一方で「イスラム教徒は当時から——十八世紀末まで——印刷を忌み嫌っていた。(中略) アラビア人にとって手書きの書体は、芸術的および精神的な美しさといったひとつの文化を伝える手段である」[19]。したがって、活字による印刷は「手書きのなめらかさにじゅうぶん匹敵するように」基準化されたものの[20]、手書きの文字は一種の宗教芸術であり、イスラム教徒にとって古典アラビア語は神の言葉だった。

イスラム世界ではじめてアラビア文字が印刷されたのは、一七〇六年になってからのことだった。「だが、この技術的発明もやはり非イスラム教徒が非イスラム教の書を印刷するためのものだった。実際、この年にシリアのメルキト・ギリシャ・カトリック教会のアレッポ大司教、アタナシオス三世アル・ダッバスは、シリアの都市でキリスト教の信仰書を印刷する際にアラビア文字を使っている[21]」。イスラム教徒がアラビア文字を使用するまでには、さらに二十年待たなければならなかった。一七二七年、オスマン帝国のスルタン、アフメト三世はアラビア語の印刷を認可したが、宗教書は対象外で、出版されたのはもっぱら文法書や歴史書、地誌だった。ハンガリー系外交官のイブラヒム・ミュテフェッリカは、コンスタンティノープルで全二巻のアラビア語とトルコ語の辞書を出版している。

イスラム教徒にとって、アレッサンドロ・パガニーニのコーランが許しがたい理由がもうひとつある——数えきれないほどの誤植だ。たったひとつのミスが律法学者の首をはねかねないことはすでに述べたが、このコーランは正確に印刷されたページを探すのに苦労するほどだった。「誤りのない言葉はひとつもなかった」エルシェイクは指摘する。「似たような形の単語がまったく区別されておらず、植字工はアラビア語のアルファベットを知らなかったにちがいない」。誰だかはわからないが、おそらく原本の単語を模したであろう植字工は、本来ならいっさいミスは許されないはずだった。

アンジェラ・ヌオーヴォは、技術的な投資はかならずしも本文の入念なチェックとは一致しないことを指摘し、コーランを読んだアラビア学者の意見を紹介している。それによると、本文中の誤りはアラビア語を話すユダヤ人が犯しがちなものだという。ということは、パガニーニ親子はヴェネツィアで古くから続いていたイスラム教徒の社会ではなく、当時盛んだったヘブライ語出版の世界で植字工と校正者を探したのだろうか。だが、これに対してエルシェイクは異論を唱えている。「たとえ仮説であっても、それはありえない。ヴェネツィアではアラビア人の協力者に事欠かなかったはずだ。みごとなコーランの写本が街じゅうに出まわっていたのだから」。だとしたら、どういうことなのか。一五三八年のコーランには、正書法の誤り（たとえば、点を三つつけるべき文字に二つしかついていない場合）だけでなく、神の名が抜けているなど、まさに冒瀆と言うべきミスもあった。「筆記者と作者がいなかったのは明らかです」。アンジェラ・ヌオーヴォは指摘する。「アルド・マヌーツィオがギリシャ語の本を出版したときもそうでしたが、この場合はうまい具合にどうにか体裁を整えました」。

マームード・サレム・エルシェイクがヴェネツィアに保管されていたコーランを出版されたものではなく草稿だと考えているのは、まさにこの二ページにひとつという誤植の多さを根拠としている。もう少し詳しく説明しよう。コーランはどれも同じ構成になっている。最初のページは「開端」（開扉）で、二ページ目のいわゆる「牝牛の章《スーラ》」から本文が始まる。全部で百十四のスーラがあるが、アルボネージは百十五と数えた。もうひとつ余計にスーラがあるのではなく、パガニーニが本の最終ページに「牝牛」の章を再度掲載したのだ（つまり、ヴェネツィアで出版されたコーランは一ページ多い）。最初の「牝牛」には誤りがあるが、それがふたつ目では修正されている。もっとも、この最終ページには最初の「牝牛」にはない誤りがあった。これは――エルシェイクの意見によれば――同ページを修正した別の版が存在したことを示している。「誰かが出版しようとしたのは確かだが、詳細は明らかになっていない」。エジプト人の教授は指摘する。

「発注者や監修者の意向か、あるいは資金不足で中止されたのかはわからないが、いずれにしても原稿に誤りが数多くあったために出版は取りやめられた」。活字についても謎だらけだ。誰が彫ったのか、誰が鋳造したのか、どこに消えたのか。一五一六年にジェノヴァでアゴスティーノ・ジュスティニアーニが『詩篇』を出版する際に使用したものなのか（アラビア語、ヘブライ語、ラテン語、ギリシャ語、アラム語の五カ国語で出版された）。唯一確かなのは、ヴェネツィアではその後長らく誰もアラビア語の活字を使っていないということだけだ。「一五三八年のコーランは文献学上では重要である。それ以外では、ありふれた利益目的の出版にすぎない。宗教的な観点から見れば、いっさい価値はない」。エルシェイクはきっぱりと言いきった。

　コーランの発見者が正しいにせよ、アラビア研究の教授の主張どおりにせよ、パガニーニ親子が不可能に挑戦したことは間違いない。彼らの失敗は、ヴェネツィアにおける出版の発展の限界を示している。ヴェネツィアで出版された本はドイツ、イギリス、果てはバルカン半島までを征服したものの、オスマン宮廷とイスラム世界の壁を超えることはできなかった。「中東進出の失敗は、ヴェネツィア共和国の出版にとって世界の果て《ノン・プルス・ウルトラ》があることを物語っており、時同じくしてヴェネツィアは人文書の国際市場において覇権を失っている[22]」。

第五章　アルメニア語とギリシャ語

確かなのは、ヤコブという人物がいて、彼が一五一二年に世界初のアルメニア語の本を出版したということだけだ。東方諸国ではじめて出版されたのは、それから百二十六年後の一六三八年にペルシャのイスファハン近郊、ニュージュルファで、アルメニア本国では二百六十年後の一七七二年だったことを考えれば、これはまさしく偉業と言っても過言ではあるまい。ちなみに、アルメニアでは東方教会の主教《カトリコス》のお膝元であるエチミアツィンの印刷所で出版されている（当時の主教はシメオネ・エレヴァンツィ）。

それ以外のことは、まったく明らかになっていない。本に記されているヤコブというのが本名かどうかさえ曖昧だ。たしかに姓を表わすが、「罪人」を意味することから考えると（訳注：創世記三十二章二十三節～ヤコブが神に対して「わが名はヤコブ」——われは罪人なり——と告白する話に由来）単なる形容詞かもしれない。われ、罪人ヤコブが本書を出版するというように。この人物がいつヴェネツィアにやってきたのか、彼は何をしていたのか、どこに住んでいたのか、印刷所はどこにあったのか、印刷に用いた活字はどこから調達したのかも定かではない。そして、はたして本にうっすらと残っている略語——ＤＩＺＡ——は何を意味するのだろうか。最初の文字は不明だが、最後の二文字は「有名な彫刻家で印刷者のズアン・アンドレアのイニシャル」で、[1]〝I〟はヤコブのラテン語表記である〝Iacobus〟ではないかという説もある。

この人物が五冊の本を出版したあとに「忽然と姿を消し[2]」て、その後どうなったのかという謎はさておき、ヤコブが一五一四年、最後に本を出版してから一五六五年にアブガル・ドゥピルが永久暦を出版するまでにどんなことが起きたのかということも興味深い。この五十年のあいだに、アルメニア人が多く居住する都市でアルメニア語の本は出版されなかったのか？　その可能性は低いが、まったくありえない話でもない。というのも、「この時期、ヴェネツィアの印刷所はまさに絶頂期を迎えていた」からだ。[3]したがって、この間に出版された本は紛失したか、あるいはどこかの図書館で発見されるのを待っていると考えたほうが妥当かもしれない。一方、ヤコブが最初に出版した『金曜日の本』は、一八八九年になって再発見された。このとき、アルメニア系ヴェネト人でメキタリスト（アルメニア使徒教会）神父のゲヴォンド・アリシャン――アルメニアの近代文化史における重要人物のひとり――は、これがはじめて出版されたアルメニア語の本だと考えたが、実際には三冊目だった。

もっとも、当時ヤコブの本は大流行したと思われる。そうでなければ、この本にまつわる伝説が生まれることもなかったはずだ。これは宗教書ではなく、「病気やあらゆる事故を防ぐための祈りと呪文を集めた」雑録で、[4]ダルマチア沿岸を通ってヴェネツィアへ向かうアルメニアの商船にとって非常に役立つものだった。アドリア海の東海岸は小さな湾が入り組み、数えきれないほどの島がある。したがって、嵐の際の避難場所には事欠かない一方で、海賊が隠れるのにもうってつけだった。あるとき、トルコのイズミルで未加工の絹や染料などの高価な荷物を積みこんだアルメニアの商人は、またたく間に二十隻もの海賊の小舟が攻撃してくるのに気づいた。その日は金曜日で、どうやっても災厄から身を守れない不吉な日だったが、空は澄みわたって太陽が輝いていた。剣を手にしたダルマチアの海賊をやり過ごさなければ、すべてを失うことは言うまでもない（当時のアドリア海には略奪者たちの拠点が二個所あった。ナレンタ〔ネレトヴァ〕川の河口と、〝ウスコック〟と呼ばれるクロアチアの海賊が陣取るセーニャ〔セニ〕で、どちらも現在のクロアチア）。どうすればよいのか？　三人の商人は考えた——金曜日の不運は『金曜日の本』で切り抜けられるはずだ。そして彼らは本を開いて、大声で読みあげた。すると、思いもよらぬことが起きた。救いは霧という形で現われ、あらゆるものを包みこんで、商船を海賊の一団から隠したのだ。ガスパールという名の船長は、すぐさまイタリアへ舳先を向けた。そこまでは海賊たちも追ってはこないだろう。終わりよければすべてよし、『金曜日の本』万々歳というわけだ。[5]他に類を見ないこの本がダルマチアの海賊にも効果があることを物語る伝説である。

　アルメニア人は昔からヴェネツィア社会に溶けこんでいた（現在もそれは変わらない）。その歴史はヴェネツィアの総督に嫁いだビザンチン帝国の皇女マリア・アルギュロスにまで遡る。バシレイオス二世〝ブルガリア人殺し《ブルガロクトノス》〟[6]の姪に当たる彼女は一〇〇三年、翌年に総督補佐官となるジョヴァンニ・オルセオロと結婚した。それから二世紀半を経た一二五三年、総督セバスティアーノの甥マルコ・ツィアーニは、一族の所有する邸宅のひとつをアルメニア館に改装するよう遺言状に書き残した。そのセバスティアーノは、長らくアルメニアに住んでいた（一九九一年まで存続したアルメニア・ソビエト社会主義共和国の領土内ではなく、長らくシリアに支配され、現在はトルコ領のキリキア)[7]。ヤコブの印刷所がまさにこのツィアーニ邸、すなわちサン・ロレンツォ教区にあったという説もある（長いあいだヴェネツィア警察署だった建物で、現在は分署となっている）。両国は外交も盛んで、たとえばアルメニア大使のマヌエルは一二九七〜九八年にヴェネツィアに派遣され、一方、ヴェネツィアの法官（大使）は一二八二年のマリーノ・バドエルから一三三四年のマリーノ・グリマーニまで連続してキリキアに駐在した。この間にこれだけ親密な交流が行なわれたのは、けっして偶然ではない。そのころ中近東では重要な出来事が起きた——一二九九年のオスマン帝国の成立である。

アルメニア館〝ハイ・ドゥン〟はサン・マルコ広場から通りを二本隔てたサン・ズリアンのフエラーリ橋（ヴェネツィア方言で「ランプ」または「灯台《ランテルネ》」の意味）のたもと、アルメーニ通りの角にある（興味深いことに時代とともに地名が入れ替わっている。十六世紀には橋の名がアルメーニで、通りはランテルネだった）。この地区は現在もほとんど変わっていない。サン・マルコ広場を出て、時計塔の下を通ってサン・ズリアンのメルチェリエ地区に入り、突き当たりを左に曲がると、そこがフェラーリ橋だ。そして、右手の橋のたもとにあるトラットリア〈アニマ・ベッラ〉が入っている建物が、かつてのアルメニア館である。フィウベラ通りを少し行くと、右側に別の通りが伸びている。それがアルメーニ通り。突き当たりはよく見えないが、周囲の建物に囲まれた小さなサンタ・クローチェ・デッリ・アルメーニ教会がある。現在の教会は一六八二〜八八年に建てられたものだが、そもそもの起源は少なくとも十三世紀まで遡る。したがって、離散定住集団《ディアスポラ》の教会としては古いほうで、十八世紀以降はアルメニア使徒教会に委ねられている。この地区一帯はアルメニア人の力によって発展してきた。史料によれば、ペトロスという人物の店では、小魚のフリットやかぼちゃの種、茹でたタコやイカなど、食欲をそそる〝メゼ〟（小さな食べ物、こんにちで言う「フィンガーフード」）が売られていた。[8] 現代のヴェネツィアで〝チケティ〟と呼ばれる、〝オンブラ〟（「ワイン」）のヴェネツィア方言）に欠かせないおつまみは、こうしたアルメニア人の店に端を発しているとも言われる。いずれにしても、ヴェネツィアで中近東の影響を受けたのはこの地区だけではなかった。一三四八年（ヨーロッパの全人口の半数以上が死滅した「黒死病」が流行った年）に残されたある遺言状には、リアルト地区のサン・ジョヴァンニ・エレモジナーロ教会のアルメニア人修道士に五ドゥカートが割り当てられている。

転機が訪れたのは一三七五年だった。この年、キリキア・アルメニア王国の滅亡とレヴォン五世の亡命を機に、多くのアルメニア人が保護と自由を求めてヴェネツィアに流入した。[9] 一四八九年、カテリーナ・コルネール（〝コルナーロ〟として有名）の退位によって、アルメニア国王の称号は形式上ヴェネツィア共和国に譲渡される。王妃カテリーナは、夫のジャコモ二世ルジニャンの死後、一四七三年からキプロスとアルメニアを統治していたが、やがてキプロスがヴェネツィアに併合されると、アルメニア国王の称号はサヴォイア公カルロに引き渡され、以後、サヴォイア家が保持している。これらの経緯は、リアルト橋とサン・マルコ広場のあいだに建つサン・サルヴァドール教会内にあるコルネール王妃の墓の白い大理石に刻みこまれている。

ヴェネツィアのサンタ・マリア・フォルモーザ地区の一本の通りも、この街にアルメニア人が数多くいたことを物語っている——ジュッファ通りだ。この名前は、ヴェネツィアに住むアルメニア人のほとんどが、前述のイスファハン近郊のニュージュルファから来たことに由来する。ニュージュルファのアルメニア人は、もともとジュルファ（現クルファ）——イランとの国境地帯にあるアゼルバイジャンの飛び地ナヒチェヴァン内——の出身だった。この一帯はアルメニアとアゼルバイジャン間の紛争で大きな被害を受け、一九九八〜二〇〇六年のあいだに中世から続くアルメニア人の墓地が跡形もなくなった（破壊の様子はイラン側の国境から写真に撮影されている）。アゼルバイジャン政府は、ジュルファ（クルファ）にアルメニア人の墓地があったことばかりか、かつてアルメニア人がこの街に暮らしていたことさえ認めていない。

ヴェネツィアのアルメニア人については、ある人物の存在を抜きには語れない。彼は本とはまったく無縁であったものの、共和国の歴史、ひいてはキリスト教のヨーロッパとイスラム教のレバント（東部地中海沿岸）地方の関係に大きな影響を与えた。戦いの運命がひとりの人間の直感と力に左右されることはきわめて稀だ——とりわけ、カエサルやナポレオンといった指揮官でなければ。しかしレパントの海戦では、アントニオ・スリアン、通称ラルメーノの活躍がなければ、まったく逆の結果に終わっていたかもしれない。彼は十六世紀なかばにシリア（〝スリアン〟という姓は祖国に由来）からヴェネツィアへやってきた。そのころヴェネツィアは民間の造船所で建造された三千四百隻の貿易船を有していたが、同じ造船所内で軍船もつくっていた。いわば世界初の軍産複合体で、小型の高速船（フスタ）や大型船（ガレアス船）以外にも、ガレー船という帆と櫂の両方の力を利用して走る船も多くつくられた。ダンテ・アリギエーリの『地獄篇』第二十一歌でうたわれているように、「ヴェネツィアの造船所」では直接あるいは間接的に五〜六千人が働き、レパントの海戦の前夜といった非常事態には、一日に一隻のペースで船をつくっていた。当時のヴェネツィアは移民の街で——印刷術の普及にドイツ人が貢献したことは前述のとおり——東方の言語を話し、明らかに肌の色が黒くても、さまざまなことに長けている彼らは歓迎された。アントニオ・スリアンは造船と機械工学の天才だった。一五五九年、弱冠二十九歳のときにサン・マルコの船渠《せんきょ》で沈没した商船から積荷をすべて回収した。またあるときは、ジローラモ・コンタリーニという貴族の所有するガレアス船から貴重な青銅の大砲三門を引きあげた。彼は船乗りの情熱も持ちあわせており、造船所で石弓をつくっている近所の職人の娘キアーラと結婚した。

一五七一年十月七日、ギリシャのレパント海峡近くのクルゾラーリ島沖合いで、カトリック教国とオスマン帝国の艦隊が正面衝突し、激しく血なまぐさい戦いを繰り広げた。地中海での海戦では、のちの一八〇五年十月二十一日に起きたトラファルガーの海戦と並んで語り継がれるほどの規模だ（十月というのは明らかに海での戦いに恰好の月だとわかる）。カトリック連合軍は二百八隻のガレー船（うち百六がヴェネツィア、九十がスペインとジェノヴァのジャナンドレア・ドリア、十二が教皇の船）、八万人の兵士、千八百門の大砲という大艦隊だった。対するオスマン軍も、ガレー船二百二十二隻、兵士九万人、大砲七百五十門と負けてはいない。(10) 勝敗を分けたのは、ヴェネツィアの六隻のガレアス船だった——力強く浮かび、海上に高々とそびえているため、オスマンのガレー船の砲弾をものともせず、二列縦陣で敵の攻撃をかわしながらオスマン艦隊を蹴散らして進む。ジョヴァンニ・ダウストリア卿の指揮が勝利を手繰り寄せた。「フランチェスコ・ドゥオード司令官のガレアス船に乗っていたアントニオ・スリアンは、すでにさまざまな口径の大砲をそろえた攻撃隊を準備していた。彼がみずから画期的な手法で考案し、配置した部隊は、正確かつ迅速な射撃を行ない、一発も狙いを外すことなく敵軍に大打撃を与えてオスマン帝国を呆然とさせた……同じ日に、この疲れを知らないアルメニア人の技師が、大きな亀裂をとっさにふさいでドゥオードのガレアス船を沈没から救ったことも忘れてはならない(11)」。それだけではない。勇敢なアルメニア人は戦いで負った傷を治す薬も編み出したようだ。「技術者」のイメージを塗り替えた彼は、一五九一年に生涯を閉じ、残された六人の息子はその後長らく軍艦の造船所で働いた。一族の足跡は一六五五年まで辿ることができる(12)。

いずれにしても、スリアンという姓はヴェネツィアでは珍しくなく、それだけシリア出身のアルメニア人が多く定住していたことを意味する。なかには一六四八年に貴族に叙された一家もいて（クレタ島北部のイラクリオンをめぐるトルコとの戦いに資金を提供した功績を認められて。領主権は大評議会、すなわち貴族の同意を得て売りに出された）、スリアン家が住んでいたカンナレージョの小運河沿いにあるバロック様式の壮麗な館は、翌世紀にはフランス大使館となり、かのジャン＝ジャック・ルソーが公使の秘書として働いていた。

十八世紀には、ペロポンネソス半島のモドーネから、アルメニア教会メキタル会の創立者、メキタルがトルコの侵略を逃れてヴェネツィアへやってきた。彼と仲間の修道士たちに対して、ヴェネツィア政府はサン・ラザロ島を提供した。この島には現在も修道院があり、最も重要な印刷所が長らくここを拠点としていた。(後述)。アルメニア人がヴェネツィアに定住していた事実は、劇作家のカルロ・ゴルドーニも証明している。彼の喜劇『骨董狂いの家族』の第十六場で、ブリゲッラはアルレッキーノに対して、アルメニア人のふりをしてアンセルモ・テッラッザーニ伯爵を騙すよう持ちかける。「アルメニア人になるのは大変だって? 言葉だってしゃべれなくても構わないわ。語尾に〝ira〟とか〝ara〟とかつければいいのよ。そうすれば、すぐにイタリア系アルメニア人だと思われるから」当時のヴェネツィアの人々の耳には、どうやらアルメニア語は英語やドイツ語のように聞こえたらしい。そして、まさにイギリスの有名なバイロン卿は一八一七年、毎日ゴンドラに乗って、英語の授業を行なうためにサン・ラザロ島へ渡っていた。

こうした状況を考えれば、一五一二年にほかならぬヴェネツィアでアルメニア語書籍の出版が始まった理由は理解するに難くない。この街では「当時から昔ながらの〝書道〟と並んで〝印刷術〟が発展し、同じようにめざましい成果をあげていた」[13]。もっとも、他の言語で出版された本にくらべると、アルメニア語の場合は市場を獲得するのに難点があった——それは距離だ。「東方諸国に本を発送するのは費用がかかり、おまけにベルベル人の海賊に略奪される危険もあった」(北アフリカ沿岸、とりわけチュニジアを拠点にしている海賊[14])。

『金曜日の本』と、その災厄を防ぐ効果についてはすでに述べたとおりだ。ヤコブが出版した他の四冊の本も、ヴェネツィア在住のアルメニア人と、レバント地方のアルメニア人の双方に向けたものだった。いずれも古典作品や宗教書を重視する時代の風潮には逆らっている。というのも、ヤコブが出版したのはきわめて世俗的な文学で、対象としたのはアドリア海と地中海東部地方を行き来して、本を読むだけでなく宣伝にもひと役買ってくれる商人や旅行者だったからだ。いずれにしてもヤコブの洞察力のおかげで、アルメニア人は「東方諸国で最初にグーテンベルクの技術を利用した民族」となり[15]、十六世紀初頭のヴェネツィアの栄華にまたひとつ勲章が加わった。

ヤコブの晩年については明らかになっていない。彼のつくらせた活字がわずか五冊にしか使われなかったのか（その可能性は低い）、あるいは引き続き使用されたのか。彼の最後の本となった『Tagharan』（アルメニアのモノディ音楽の本）以降、一五六五年のアブガルの『Tomar』（暦）までの五十年間に、ヴェネツィアでほかにアルメニア語の本が出版されたのだろうか。十六世紀には、合計で十七冊のアルメニア語の書籍が出版されている。うち八冊がヴェネツィア、六冊がコンスタンティノープル、三冊がローマだ。次の世紀には全百六十冊で、その大部分がヴェネツィアである。一方、一五一二〜一八〇〇年までのあいだに、このラグーンの街にはアルメニア人の経営する印刷所が十九あったことが記録されており、いずれもアルメニア語の本は出していないが[16]、「内容的にも印刷の面でも最高品質のものを二百四十九冊出版している[17]」。

世界初のアルメニア語の出版人の素顔は謎のままにしておいて、十六世紀後半になると、対抗宗教改革の波はすでに各地に広まっていた。アルメニア使徒教会はセバステ（メキタルが生まれた街）で秘密の集会を開き、アナトリア半島北部のトカット出身の貴族、アブガル・ドゥピルをローマ教皇ピウス四世のもとへ遣わすことを決めた（〝ドゥピル〟というのは「聖具保管者」という意味で、姓というよりは肩書きを表わす）。この外交使節の目的は、「イスラム教徒からアルメニア人を保護する」よう教皇に直訴することだった[18]。

アルメニアの使節団は一五六四年にヴェネツィアに上陸し、ローマへ向かう前に共和国政府に迎えられた。〝永遠の都〟ローマでは、教皇は使節団を快く受け入れたものの、彼らに協力しようとはしなかった。使節団は事実上、失敗に終わり、「アブガルはヴェネツィアへ戻って、教皇の認可と、その甥カルロ・ボッロメオ（のちのミラノ大司教）の助言でローマで製作されたアルメニア語の活字を用いて印刷・出版業をやることにした[19]」。アブガルが一五六五年にヴェネツィアで最初に出版したのは永久暦だった。続いて、美しい木版画が挿入された二百七十二ページの『詩篇』。この貴重な本は現在二冊だけ残っている（ヴェネツィアとミラノに保管）。この本の二枚目の絵は、アブガル本人が「総督ジローラモ・プリウリの前にひざまずく場面で、説明書きには〝ジローラモ総督の支配する国の首都ヴェネツィアの美しき港へたどり着き、この新たな本をつくりあげた〟とある[20]」。ヴェネツィアに腰を据えたことで、彼は初の本格的なアルメニア語書籍の出版社の立ち上げに成功した（ヤコブが十六世紀初めに自分の工房で印刷したのか、あるいは他の出版人の印刷機を使ったのかは定かではない）。「この時代には、母国語で印刷された宗教書や学術書は、アルメニア民族の未来を再建するためにきわめて重要な意味を持っていた[21]」。いずれにしても、アブガル・ドゥピルがヴェネツィアで暮らしたのはわずか数年で、一五六七年には出版活動の拠点をコンスタンティノープルに移している。オスマン帝国の首都では、スルタンの息子の援助を受けて、使徒教会の中庭にレバント地方初の印刷所を設立し、「真っ先にアルメニア語の基本文法書」を出版した[22]。言うまでもなく、他国の領土で少数民族として生活する人々にとって、教育は重要な役割を果たす。ヴェネツィアでは、ドゥピルの遺産がホヴァネス・テルゼンツィの手によって一五八七年に新たな詩篇の本としてまとめられた。出版活動は十七世紀になっても衰えず（一六八一年には、大衆向けの辞書およびヴェネツィア語／アルメニア語の会話の手引書『Bargirk' Taliani』が人気を集めた。「みんなで集まって踊る」や「あなたは安く売りたい、私は高く売りたい」といった八十四のフレーズがアルメニア語のアルファベットに音訳されて掲載されている）、十八世紀に最盛期を迎える。一七七九年には、メキタルがサン・ラザロ島に印刷所を設立し、十九世紀に入ってからも——一八九〇年代最初まで——世界有数のアルメニア語書籍の出版社として重要な役割を果たした。

ヴェネツィアには、もうひとつの〝世界初〟がある（実際にはヤコブの活動に先立つこと二十六年）。すなわちギリシャ語書籍の出版である。一四八六年、ムラーノ島のサン・ピエトロ・マルティーレ教会の修道院で、『Batrachomyomachia』（蛙鼠合戦）が出版された。これは六歩格の小詩で、ヘレニズムからルネサンス時代にはホメロスの作とされていたが、現在では無名の詩人が書いたものだと考えられている。もっとも、完全にギリシャ語で書かれた本はこれが最初だが、部分的にギリシャ語が使われているものはすでに出版されていた。一般に二カ国語で書かれる文法書で、古代ギリシャ語とラテン語で構成されている。最も知られているのは、マヌエル・クリュソロラスの『Erotemata』（問答集）で、奥付はないものの、一四七一年にアダム・ダンベルガウによって出版されたと考えられている。[23]この文法書はたちまち話題となり、ルネサンス期のイタリアの知識人に衝撃を与えるとともに、出版界でも大成功をおさめた。「一五〇〇年以降、あらゆるギリシャ語の文法書が何度も再版されていることからも、イタリアの人文主義者の関心の高さがうかがえる[24]」。

ギリシャ人についても、ユダヤ人やアルメニア人の場合と同様、その出版の背景には何世紀にも及ぶヴェネツィアでの定住の歴史がある。ヴェネツィアはギリシャと特別な関係にあり、当時、共和国の未来は漁や採塩で暮らす人々の住む無数の島々とともにあると言っても過言ではなかった。ヴェネツィアは勢力を広げる神聖ローマ帝国の支配下には入らず、属州として発展する道を選ぶ。そのためローマの教皇やアーヘンの神聖ローマ皇帝だけでなく、コンスタンティノープルのバシレウスやラヴェンナの総督とも交流が生まれた。それは教会を見るだけで明らかだ。サン・マルコ寺院は、中央ヨーロッパに多いロマネスク様式の簡素な聖堂ではなく、金色のモザイク画がきらめくコンスタンティノープルのハギア・ソフィア大聖堂にうりふたつである。十四世紀になると、オスマン・トルコが東ローマ帝国の領土を脅かし、ギリシャ人は西方へと拡散していく。一三七〇年には、東ローマ皇帝ヨハネス五世パレオロゴスがヴェネツィアへ赴いたが、その随員のひとりに、博識の外交官で、ヨーロッパにおけるギリシャ文化の普及に貢献したディミトリオス・キドニスがいた。その後、キドニスは一三九〇年と、九四〜九五年にかけて、マヌエル・クリュソロラスとともにふたたびヴェネツィアを訪れている。クリュソロラスは「ビザンチン帝国から、ギリシャ文学を教えるためにイタリアへやってきた最初のギリシャ人[25]」で、彼の弟子にはヴェローナ出身のグアリーノ・グアリーニがいる。グアリーニは師が帰国する際に同行し、「コンスタンティノープルではじめてギリシャ語を学んだイタリア人」となった[26]。

こうした背景には、十五世紀のヴェネツィアで、いわばギリシャ・ブームが巻き起こっていたことが挙げられる。その火付け役となったのは、人文主義者のレオナルド・ジュスティニアーニやフランチェスコ・バルバロだ。バルバロは一四一六年、写本の全集を複製するべく修辞学者のゲオルギウス・トラペズンティウスをヴェネツィアに招いた。トラペズンティウスは写本の筆記のかたわら、ピエトロ・マルチェッロ司教にギリシャ語を教えるためにパドヴァにも足を伸ばした（それと同時に、グアリーノ・グアリーニとヴィットーリノ・ダ・フェルトレからラテン語を学んだ）。その後、彼はフィレンツェやローマにも滞在し、ローマでは教皇の秘書となる（国籍を問わずに採用される名誉ある職務）。「彼のギリシャ語とラテン語による著作は広範囲にわたり、当時の人文主義運動に少なからぬ影響を与えた(27)」。

だが、とりわけヴェネツィアの歴史にその名を深く刻まれ、一四六八年に設立されたサン・マルコ図書館（ヴェネツィア共和国時代に起源を持つもののうち、現在も運営されている唯一の機関）の原型を生み出したギリシャ人が訪れたのは、その翌年のことだった。ベッサリオーネは一四三八年、東ローマ皇帝ヨハネス八世パレオロゴスと総主教ヨセフス二世とともに、はじめてヴェネツィアの地に降り立った。ビザンチンの聖俗最高位の人物は、大規模な随行団を従えていた。総勢六百人の一行は、フェッラーラ・フィレンツェ公会議に参加する途中でヴェネツィアに立ち寄った。会議ではローマ・カトリック教会とギリシャ正教会の再合同について話しあわれ、ベッサリオーネの果たした役割に感銘を受けた教皇は、彼を枢機卿に任命した。この洗練された人文主義者は一四四〇年にローマに留まって、オスマン・トルコに対する脅威を訴えた。あいにくその目的を果たすことはできなかったものの、ギリシャ語の写本を集めることには成功する。

買い集めたり、筆記者が努力して書き写した結果、およそ八百冊にも達した蔵書は、一四六八年に貴重なコレクションを管理するにふさわしいヴェネツィア共和国へ寄贈された。

その間に、歴史的な出来事が起こる。一四五三年、コンスタンティノープルがオスマン・トルコのメフメト二世によって陥落し、オスマン帝国の新たな首都となった。東ローマ帝国の知識人は、二度と帰ることはないと知りながら、祖国のかつての首都をあとにした。そんな彼らを快く迎え入れたのが、すでに多数の同胞が暮らすヴェネツィアだった。「ギリシャ人亡命者たちは、ギリシャ文字の活字製作者、編集者、印刷者、校正者としてギリシャ語の出版活動を始め、イタリア人の印刷所と協力して、人文主義者の要望に応えるべく、古典文学作品の出版に尽力した[28]」。それ以外にも、クレタ島——一二〇四～一六六九年までヴェネツィア領——に住みついて、地中海最大の島でギリシャ語出版の発展に寄与した者たちもいる。

ヴェネツィアにおけるギリシャ人については、一四八九年に設立されたギリシャ人信者会——現在も〝ギリシャ研究所〟の名で存続——の存在を抜きにしては語れない。サン・ジョルジオ・ディ・グレーチ教会と近くの聖画像美術館はグレーチ橋のたもとにあり、こうした名前も何世紀にも及ぶギリシャ人の定住が与えた影響の大きさを物語っている。

ギリシャ語書籍の出版の扉を開いたのは、ふたりのクレタ島出身のギリシャ人だった。彼らについては、出版された本の奥付に記されていること以外はほとんどわかっていない。ラオニコスとアレクサンドロスはどちらも司祭で、ふたりともクレタ第二の都市ハネアに生まれた。アレクサンドロスはのちにアルカディア司教となっている。ラオニコスは一四八六年に『蛙鼠合戦』を出版し、一方「アレクサンドロスも一冊の出版に携わり、同じ年の十一月十五日にギリシャ語の初の宗教書となる『ダビデの詩篇』をこの世に送り出した。二冊に使われた活字は同じもので、そのことから同じ印刷所で古い典礼の写本をもとに出版されたと考えられる。どちらも黒と赤のインクで印刷されているため、印刷者は宗教叢書を出すつもりだったと思われるが、あいにく実現しなかった[29]」。

それぞれの記録を残したのち、ラオニコスとアレクサンドロスは歴史の深淵にのみこまれて姿を消しているが、ふたりが豊かな伝統の先駆者だったことは間違いない。「ヴェネツィアほどギリシャ語書籍の出版が尊重され、文化の進歩と発展に寄与した都市は、世界中のどこを探しても見当たらないだろう[30]」。ギリシャ語出版の松明は、もうひとりのクレタ人に受け継がれた。一四七三年にレシムノの有力な上流家庭に生まれたザッカリア・カリエルギである。彼は一四九〇年にヴェネツィアにやってきて、同じクレタ島の貴族ニコラ・ヴラストと交流を深めた。「ヴラストは東ローマ帝国最後の宰相ルカ・ノタラの娘アンナの信頼が厚い人物だった。彼女は全財産とともにヴェネツィアへ移住し、共和国初のギリシャ語の印刷所に対して出資を惜しまなかった[31]」。カリエルギという名は、多少の違いこそあれ、その後長らくヴェネトの歴史に刻まれる。たとえば一五七二年には、アントニオ・カレルジという人物が八百冊もの蔵書を遺して死んだが、当時としては驚異的な数だった[32]。また、ヴェンドラミン・カレルジ館は現在市営のカジノになっているが、一八八三年にリヒャルト・ワーグナーがここで没している。

ザッカリア・カリエルギは「ギリシャ人印刷者のなかでも、多彩な才能を持つ稀有な人物だった――法典の筆記、活字のデザインと製作、古典文学の監修と注釈、出版および校正、どれをとっても並はずれた能力を発揮した[33]」。さらには優秀な協力者にも恵まれ、同じレシムノ出身のマルコ・ムスロはのちにアルド・マヌーツィオに協力し、パドヴァ大学でエラスムスをはじめ、多くの生徒にギリシャ語を教えている。ザッカリアとニコラの意欲、マルコの学識、アンナの資金が結集した結果、一四九九年に「ルネサンス時代の傑作[34]」と名高い『Mega Etymologikon』(ラテン語で『Etymologicum magnum』〔大語源〕)が出版された。初のギリシャ語辞典の出版には六年の準備期間を要したものの、その甲斐あって「ビザンチンの文学史における金字塔」となった[35]。言うまでもなく莫大な費用がかかったが、最終的にはそれに見合うだけの作品が完成した。カリエルギの製作した活字はきわめて精巧で、装丁は「ビザンチンの写本を模し[36]」、すべてのページは黒と赤で二度印刷し、その結果、この初版をもとに後世の版が刷られることになる。カリエルギとヴラストの協力によって生まれた本は四冊のみだった。最後の出版は一五〇〇年、ガレノスによる医学入門書『Terapeutica』(治療学)だった。その後、カリエルギはパドヴァへ移り、ふたたび写本の筆記を始める。ヴラストは売れ残った本をマヌーツィオに売り払い、みごとな活字は〈ジュンタ〉社が買いとって一五二〇年に使用している。

ルネサンス期において、アルド・マヌーツィオは言うまでもなく最も重要な出版人であるが、ここでギリシャ語の出版に対する彼の――根本的な――影響を検証するのもおもしろいだろう。マヌーツィオは、バッサリオーネ枢機卿が共和国に寄贈したギリシャ語とラテン語の法典の写本を出版するという崇高な目的のもと、一四八九～九〇年にヴェネツィアへやってきた。「アルドの印刷機から生まれた最も古い日付の本は（一四九四年十一月二十八日）コスタンティーノ・ラスカリスの『Grammatica』（ギリシャ語文法）だが、厳密には、日付はないものの一四九五年ごろに出版されたアリストブロ・アポストリオ（またの名をアルセニオ・アポストリオ）監修によるテオドス・プロドロモスの『Galeomyomachia』（猫と鼠の戦い）が最初と言えるだろう[37]。ギリシャ語に深く精通した人物を求めていたマヌーツィオは、まさしく理想と言えるムスロに出会った。「古代から現代のギリシャ語に通じた文献学の天才、マルコ・ムスロは、このうえなく的確な教唆と、ヴェネツィアの有名な印刷者アルド・マヌーツィオが最初に出版した古代ギリシャの作品に対する厳しい監修によって、ヨーロッパのルネサンスに計り知れない貢献をした[38]」。マヌーツィオがボローニャのフランチェスコ・グリッフォにギリシャ語のイタリック体の活字を彫らせる際に見本としたのも、ムスロの書体だった[39]。

もうひとり重要な協力者に、コンスタンティノープル出身のジアーノ・ラスカリスがいるが、やや意表をつく人物として、ジョヴァンニ・グリゴロプロスも挙げておこう。彼が古典ギリシャ作品の出版の歴史に名を刻んだのは、ある殺人事件がきっかけだった。「文字を自在に操る者[40]」と称され、自身だけでなく父や兄弟も筆記者という家庭に育ったグリゴロプロスは、きわめて慎重な校正者という名声を得た。彼が一四九四年にヴェネツィアへ来たのは、過失致死でカルパトス島に流刑となった兄弟のマヌエレを解放するためだった。それには被害者の家族に対して賠償金を払い、裁判所の判決を得る必要があった。ジョヴァンニは七年ものあいだ、共和国の首都で根気よく戦いつづけた。結局、目的を果たしたのは一五〇一年のことで、一五〇四年まで（おそらく肩の力を抜いて）マヌーツィオのもとで働いている。その後については、死亡したのか故郷に帰ったのかは定かではない[41]。

マヌーツィオは「ギリシャ人の協力者に背中を押される形で古典ギリシャの世界で欠かせない作品を出版し[42]」、その点から、ある興味深い事実が明らかになる。「歴史上よく知られている功績以外にも、じつは彼ははじめてギリシャ正教会のギリシャ語祈禱書を出版した人物だった[43]」。マヌーツィオはローマ・カトリック教会がギリシャ正教会の祈禱書の出版を異端視すると考えて、ひそかに準備を進め、「ほとんどは著者の名を伏せ、タイトルもなしに、他の自然哲学書、文法書、詩集にまぎれさせて印刷した[44]」。

マヌーツィオが一五一五年にこの世を去ると（彼の印刷所はその後も存続）、ほどなく「パトラッソの商人で、一五一六年からギリシャ信者会の会員であるアンドレア・クナディスが、日増しに増加する他の会員だけでなく、レバントの正教徒の要請で、宗教書や近代ギリシャ語の本の出版を始めた[45]」。クナディスは厳密には編集者で、印刷はみずから手がけずに、ブレッシャ出身の印刷者ニコリーニ・ダ・サッビオに任せた。彼が一五二三年に死去すると、義理の父でスプリッツィの織物商人、ダミアーノ・ディ・サンタ・マリアが遺産を相続し、サッビオとともに一五五〇年まで出版を続けた。この三十年間にわたる協力関係によって四十九冊の本が生まれた。うち三十一冊は祈禱書、十七冊は文学、一冊がラテン語およびギリシャ語（バシレイオスの作品）。「これらはギリシャ語の印刷史上はじめて、イタリアの知識人ではなく、レバント地方のギリシャ語を話す正教徒向けに出版されたものである[46]」。

ギリシャ語書籍の出版が脚光を浴びるなか、人文学者ニコラ・ソフィアーノ・ディ・コルフは一五四四年に近代ギリシャ語による天文学の入門書を出版し、さらにプルタルコスを読みやすい近代ギリシャ語に翻訳した（ただし出版は他者の手による）。近代ギリシャ語書籍の出版については、古典ギリシャ語よりもその背景を理解することが重要である。一五一九年にカリエルギによって出版された初の近代ギリシャ語の本は紛失した。一五二四年のクナディスによる二冊目も同じ運命を辿ったが、その後に出版点数が増え、現在に至るまで数多くの本が史料に記録されている。当時は同時代の作品も出版されはじめ、著者のほとんどがイオニア諸島の出身だったが、次の世紀になるとクレタ島の文学が有力となった。これは、前述のとおり一六六九年にヴェネツィアがクレタ包囲戦で破れ、多くのクレタ人がヴェネツィアへ逃れたためである。十七世紀には「ヴェネツィアはギリシャ文化の首都となり、ギリシャの復興と政治活動に計り知れない影響を与えた[47]」。その後も、ヴェネツィアの印刷所は近代ギリシャ語作品の出版を続け――十八世紀なかばには、レバント地方に対して年間二万～三万冊の本を輸出――この活動はギリシャ独立戦争（一八二一年）をはさんで二十世紀初頭まで継続した。

第六章　東方の風

「バルカンはレンヴェークから始まる」宰相メッテルニヒは窓から顔をのぞかせてそう言った。レンヴェークは彼が住んでいたウィーンの通りである。だが、ヴェネツィアの人々は最初から自分たちが玄関にいることを知っていた。ヴェネツィアは東方諸国への扉であり、国境を越えなくても東方の空気を感じることができた。バルカン半島のヴェネツィア領には、ダルマチアのカトリック教徒や、コトル湾とアルバニア・ヴェネタの正教徒など、スラブ語を話す数多くの共同体があった。そうした共同体では祈禱書が必要で、そのための資金も豊富にあった。ほとんどが国内市場であるために関税もかからず、したがって本の価格も高くなることはない。そのうえで輸出も行なわれた。巨大な書籍の多国籍企業とも言えるヴェネツィア共和国では、つくりたい本があれば、誰に対しても簡単かつ安価に門が開かれた。そのため、チェコ語の聖書は最初の二冊こそボヘミアで出版されたものの、三冊目は一五〇六年にペーター・リヒテンシュタインという人物がヴェネツィアで出版している。さらには、ローマ教会からは異端視されているカリクスト派の聖書、つまり穏健フス派の聖書もある。フス派——一四一五年に火刑に処されたヤン・フスの名に因む——は二十年に及ぶ戦いの末、カトリック教会や封建貴族によってボヘミアから放逐されていた。十五世紀後半には、小貴族や中産階級から成る穏健派が宗教改革運動に加わる一方で、ほとんどが農民から構成される過激派（ターボル派）は壊滅させられた。

ここでもやはり、十六世紀初めのヴェネツィアの自由な空気のおかげで、ボヘミアの新教徒は改革派の聖書を聖ヴァーツラフではなく聖マルコの庇護のもと出版するほうが安全だと判断した。この聖書は輸出用で、現在イタリアでは唯一の穏健派聖書がチーニ財団図書館に保管されている。

これまではヴェネツィアの獲得した金メダル――世界初のコーラン、タルムード、ギリシャ語とアルメニア語書籍の出版――を見てきたが、ほかにも銀メダルや銅メダル、それに小さな金メダルもある。たとえば、初のイタリア語訳コーラン（一五四七年にアンドレア・アッリヴァベーネが出版）。俗語による二冊目の聖書は（イタリア語では初）銀メダルと言えるだろう。ちなみに一冊目はドイツ語だった。

だが、中央ヨーロッパから吹いてくる東方の風は穏やかでも、バルカン半島からのそれは、ヴェネツィアの出版界に影響を与えるほど激しい季節風だった。ヴェネツィアでは、クロアチア語、セルビア語、ボスニア語といった南スラブ語の言語が飛び交っていた（当時、ユーゴスラビア語はまだ言語として成立していなかった）。もっとも、こうした呼称を用いるのはわかりやすい反面、歴史に目をそむけることになる。セルビア・クロアチア語が言語として認められたのは十九世紀で、クロアチア語とセルビア語とボスニア語――二〇〇六年の独立後はモンテネグロ語も――が区別されるようになったのは、一九九一～二〇〇一年に及ぶ十年間の紛争で旧ユーゴスラビアが解体されてからのことだ。もちろん、それぞれの国の民族主義者は、自分たちの言語だけが中世から受け継がれた由緒あるものだと主張しているが、隣りあう民族の話す言葉はもともとの言語から派生したものにすぎない（インターネットの「ウィキペディア」で〝Bosnian Cyrillic〟（ボスニア語のキリル文字）――日本語版は存在しない――を検索してみると、「歴史と文字の特徴」が「論争」の段落と同じくらい長いことからも、こうした状況が理解できる）。その一方で、筆記用にはさまざまなアルファベットが用いられ、南スラブ語の方言は多数存在するが、こんにちでは派生元の言語を辿ることができる。

現在では、アドリア海を越えた東方諸国の概念はナショナリズムと共産主義によって歪められてしまった。すなわち、百年間にわたるイタリア人と南スラブ人の覇権をめぐる対立、そしてイデオロギーの名のもとで繰り広げられた五十年間の冷戦を意味する。広大なアドリア海は、かつては両岸に住む民族にとって障壁となっていたが、何世紀も経て、海路による輸送が陸路よりも安全で便利になると、状況は一変する。アドリア海も地表と何ら変わりはなくなった。イタリアは海をはさんだ沿岸地方とその周囲、とりわけ険しいヴェレビト山脈がそびえる海岸線沿いのダルマチア地方と盛んに交流を行うようになった。イストリアの人々は当たり前のようにリアルトへ野菜を売りに行き、何世紀ものあいだヴェネツィアを暖めていたのは、ダルマチアから運搬船で運ばれた薪だった。

十六世紀になると、アドリア海はヴェネツィアの湖となり（実際、十八世紀までは「ヴェネツィア湾」と呼ばれていた）、共和国は陸地と同等の法的地位を与えて支配した。これはヴェネツィア共和国の〝海の領域〟が東方の海岸、すなわちイストリア、ダルマチア（人々は先住民の言葉であるダルマチア語を話していたが、この言葉を理解する最後の人物が一八九八年にヴェリア（クルク）島で死亡して絶滅した）、アルバニア・ヴェネタまで達していたためである。

したがって、南スラブの人々が当時首都だった街で出版界を取り仕切っていただけでなく、自分たちの言語の本を出版しようと考えたのも不思議ではない。また、東ローマ帝国のキュリロスとメトディオス兄弟によって実現したスラブ民族に対する福音伝道においては、書き言葉の重要性が強調されている——「翻訳された本を手に取ると、キュリロスはそれを祭壇に置き、神に対する捧げものとした」[1]。だが、一四七七年にヴェネツィアではじめて出版されたクロアチアの本は、信仰の書ではなく、シベニクの人文主義者ゲオルギウス・シスゴレウスによるラテン語の詩集だった。ちなみに、『L'Elegiarum et carminum libri tres』（悲歌および歌謡三巻）はクロアチアの詩人がはじめて発表した本である。

グラゴール文字——古代のクロアチア語のアルファベット——による初の本は一四八三年の祈禱書で、出版された場所は明らかではないが、現在のクロアチアの領土内、おそらくパグ島対岸、リカ地方のコシニ（現ゴルニ・コシニ）か、あるいはリエカから遠くないモドルシュであると推測される。グラゴール文字の二冊目にシスゴレウスのラテン語版を数えるなら、三冊目のクロアチアの本は、一四九一年の聖務日課書である。唯一現存する版は、ヴェネツィアのサン・マルコ図書館に保管され、印刷者は不明だが、ヴェネツィア共和国内の人物だと考えられている。[2]印刷場所を示す確証はなく、状況証拠のみであるため、一部の現代クロアチアの歴史学者は異論を唱え、実際にはコシニで出版されたものだと主張している。[3]ゴルニ・コシニのあるリカ地方は、

「嵐作戦」(一九九五年八月)の前まではセルビア人が大多数を占めていたが、この作戦によってクロアチアはセルビア人分離主義者からクライナ・セルビア人共和国を奪還した。

それに対して、一四九三年のグラゴール文字の聖務日課書は、間違いなくヴェネツィアで出版されたものだ。印刷者はのちのアルド・マヌーツィオの義父アンドレア・トッレザーニで、ブラジュ・バロミッチに助言を仰いでいる。バロミッチはクルク島(ヴェネツィア共和国の領土)のヴルブニクで生まれ、ハプスブルク家の支配するセニで司教座聖堂参事会員となり、クロアチアで最初とされる印刷所を設立した。それ以前については仮説の域を出ないため、この印刷所が公式に最初とされ、もちろん設立された時代も特定されている。一方、一五二七年に木版画が多数挿入された赤と黒のインクによる豪華な文字読本を出版したのも、やはりアンドレア・トッレザーニで、「これは十六世紀末までグラゴール文字を書く際の手本となった[4]」。

それから四十年後の一五六一年、もうひとりのアンドレア・トッレザーニ――前述のトッレザーニの甥で、もう少し背が高い――が新たな聖務日課書を出版した。このときの監修は、クルク島オミサルジュの教区司祭で公証人のミクラ・ブロジッチが担当している。しばらくは一四九三年の版を改訂しただけだと思われていたが、詳しく調べてみると、ブロジッチは「複数の祈りをまとめ、正書法を改め、よりクロアチア語の口語に近づけるなどして、本文に手を加え、暦を修正している」ことが判明した[5]。

ここまでくると、クルク島に隠されたグラゴール文字の伝統に注目せざるをえない。ヴェネツィアで出版された書籍の監修者たちは、みなクヴァルネル湾に浮かぶこの島の出身者だ。この島は最も陸地に近く、大陸沿岸の最短距離の地点からわずか六百メートルしか離れていない（一九八〇年に長さ千四百三十メートルの橋が建設されてからは、もはや島ですらない）。バシカから遠くない南部――正確にはユランドヴル――では、「バシカの碑板」、すなわちグラゴール文字の最古の史料が再発見された。一八五一年にサンタ・ルチア教会内で見つかったこの碑板はザグレブへ運ばれ、現在、小さな教会にはレプリカが展示されている。板に記された文は千百にのぼり、ズヴォニミール王国から、前述の教会を統括しているベネディクト修道会に対して土地の寄進を許可する内容となっていた。

それはさておき出版の話に戻ると、一五二八年、大手の印刷所――十六世紀初頭のヴェネツィアに次々と出現した多国籍企業のひとつ――が一冊の重要な祈禱書を出版した。木版画で飾られた、パヴァオ・ディ・モドゥルーシュ監修の版である。このように、五十年のあいだにヴェネツィアの印刷機から数多くのグラゴール文字の祈禱書が生まれているが、次のミサ典書が出版されるまでにはしばらく待たなければならなかった。しかし一六三一年の版は、それ以前とは多くの点で異なった。まず、この本はローマの布教聖省で印刷され、監修者もベネディクト会ではなくフランチェスコ会のラファエル・レヴァコヴィッチだった。この修道士はリエカの北部、トルサットの出身だが、伝説によると、ここは聖母マリアの生家が天使によってナザレからマルケ州ロレートへ運ばれていく途中に休憩した場所だと言われている。レヴァコヴィッチは「それまでの版で受け継がれてきた単純な言葉を打ち壊して、随所に東スラブ語を採り入れた」[6]。しかし結局のところ、言語学上の観点からは、はじめて教皇庁の人物が監修したものよりも、ヴェネツィア版のほうがきわめて厳格だったと言わざるをえない。

はじめてアルメニア語書籍が出版された一五一二年は、初のボスニア語のキリル文字による『Oficje svete dieve Marie』（聖母マリアの祈り）が出版された年でもある。現在のボスニア語はラテン文字で表記されるが、五百年前は「ボスニア――グラゴール文字のアルファベットが徐々にキリル文字に取って変わられた地域――で暮らす人々は、ラテン語の儀式とクロアチア語に関して特殊な書法、いわゆるボスニア語のキリル文字を使い、これは通常の教会で用いられるものとは異なった」[7]。「ボスニア語のキリル文字のアルファベット表をはじめて印刷し、ラテン文字に音訳したのは」[8]パリのギヨーム・ポステル――パガニーノ・パガニーニのアラビア文字の箇所ですでに登場――で、一方、ミラノの印刷者ジョルジオ・ルスコーニは、ヴェネツィアのサン・モイゼで二冊目の本に遅れること数日後に三冊目のボスニア語の祈禱書を出版した。どちらも監修者はラグーサ（現ドゥブロヴニク）出身のフラニョ・ミカロヴィッチ・ラトコヴィッチである（当時、ラグーサは独立した共和国だったが、一八〇八年にナポレオンに解体された。ちなみに世界初の独立国家の誕生は一七七六年のアメリカ合衆国）。こうして見ると、ヴェネツィアは単なる枠組みで、その中で外国人（フランス人、ミラノ人、ラグーサ人）が活動している構図が明らかになる。一五七一年の増刷と新たな教会の典礼書の出版は、それぞれの奥付にあるように、その身元についてはまったくの仮説しか存在しないヤコブ・ジェバロムという謎の人物と、十年前にヴコヴィッチの版を手がけて有名になったシラクーザのアンブロージオ・コルソの協力によるものだった。十七世紀には、暗黒の時代に突入した他の分野とは逆に、クロアチア語のキリル文字の場合は全盛期を迎える。その頂点が、サラエボで礼拝堂付き司祭となったフランチェスコ会修道士イェラシュケによるマティヤ・ディヴコヴィッチの作品である。ヴェネツィアでは、ボスニア語のキリル文字の出版は一七一六年まで続けられた。印刷機からはさまざまな作品が生まれ、現存するきわめて珍しいものは、それがもっぱら輸出向けに出版されたことを示している。[9]

次はバルカン半島で最も大きな言語グループであるセルビア語を見てみよう。クロアチア語やボスニア語にくらべると、ヴェネツィアの出版界におけるセルビア語の役割ははるかに大きい。ただし、この場合は厳密には政治的な意味合いが加わる。ヴェネツィアで出版されたセルビア正教徒向けの祈禱書は、オスマン帝国に征服されたばかりの領土で、独立の松明を高く掲げる役割を果たした（一三八九年六月二十八日のコソボ・ポリェの戦い以降、セルビアは独立を失っていた。この日は聖ヴィトゥスの日だが、やがて民族的な祝日となる）。一四九六年、オスマン帝国がセルビア正教徒の最後の自由な土地、ゼータ公国（現モンテネグロ）を占領したとき、貴族の血を引くボジダル・ヴコヴィッチは三十歳だった。ポドゴリツァ近郊で生まれたヴコヴィッチは、ジュライ・クルノイェヴィッチの印刷所で働いていた。その後、イヴァン・クルノイェヴィッチ公爵の上級係官を務めたとされるが、祖国の征服者に服従するのを拒み、首都ツェティニェを脱出することにした。そしてヴェネツィアへ移り、そこでみずからの使命を果たす――正教会がオスマン軍に奪われた祈禱書の再出版だ。最初の本が出版されたのは一五一九年とされ、最後は一五四〇年であると判明している。この二十年間で、ヴェネツィアは「セルビア人に向けた教会スラブ語の祈禱書の出版の中心地」となった。[10]その後も、ヴコヴィッチの息子ヴィチェンツォ（ヴィツェンティエという表記もあり）が跡を継ぎ、長いあいだ世界で唯一のセルビア人の印刷所として出版活動を続けたが、十七世紀なかばに印刷機を動かすのをやめた。ヴコヴィッチの印刷所は、アドリア海沿岸のダルマチアやバルカン半島のアルバニアにまで及ぶ流通網によって、セルビア正教会の祈禱書を広く普及させるのに貢献した。

十九世紀になるまで、セルビア文化の重要な拠点となっていたのはいずれも海外の地、すなわちギリシャ（アトス山）、ハンガリー（スレムスキ・カルロヴツィと、第一次世界大戦後にセルビア領となったヴォイヴォディナのノヴィ・サド）のほか、ブダペストやウィーン、ヴェネツィアの正教徒共同体である。そして、ヴェネツィアがセルビア文化の到達した最も西方だった。

ヴコヴィッチはヴェネツィアの女性と結婚し、妻の姓を名乗ってディオニソ・デッラ・ヴェッキアとなった。息子のヴィチェンツォは、最初こそは父の作品の再出版のみを手がけていたが、一五六一年、アルバニア・ヴェネタのステファン・マリノヴィッチ・ダ・スクタリ（シュコーデル）の協力を得て初の自身の本を出版する。だが、若きヴコヴィッチは父から相続した事業で利益を出すことができず、一五六〇年にヴェネツィアへやってきたブルガリア人のヤコヴ・クライコフに印刷所を譲った。彼は四冊の本を出版し、一五七二年に引き継いだジュゼッペ・アントニオ・ランパッゼットは九七年に一冊出した。それが十六世紀のヴェネツィアにおける最後のキリル文字の本となった。

十七世紀には、ヴェネツィアではキリル文字の本は一冊しか出版されていない（一六三八年）。これは、ヴェネツィアの出版活動がグレゴリウス十三世の奨励するバチカンの印刷所に取って代われたためである。しかし翌十八世紀になると、ギリシャ人印刷者のディミトリウス・テオドシウスの活躍でふたたび活気を取り戻す。彼はギリシャ語、少なくともカラマンリ語（ギリシャ文字の表記によるトルコ語）の本を出版し、キリル文字の活字を入手してからは、スラブの正教徒に向けた宗教書を出版しはじめた。

最後に付け加えておくと、クロアチアの書誌学の研究者は、これまで見てきたようにヴェネツィアにおけるグラゴール文字の出版活動を「クロアチア化」する傾向があるが、セルビア人はヴェネツィア共和国で出版された本が彼らの文化に貢献したことを認めている。「ヴェネツィア人がわれわれの出版の発展を促した目的は別にして、力を貸してくれたことは間違いない。第一に、われわれは一四九〇年代から印刷術に携わってきた社会に受け入れられた。そして、本を出版することによってわれわれの民族性を維持し、オスマン・トルコの支配下にありながらも文章を書く力と精神文化を培うことができた[11]」。

第七章　世界と戦争

アメリカを発見したのは、ジェノヴァ出身のクリストファー・コロンブスに導かれたスペイン人。その名をつけたのは、フィレンツェのアメリゴ・ヴェスプッチ。カナダを探検したのは、ヴェネツィアのジョヴァンニ・カボートに率いられたイギリス人。世界一周を成し遂げたのはポルトガル人だったが、航海日誌を書いたのはヴェネツィア共和国領ヴィチェンツァのアントニオ・ピガフェッタだった。知識人は多かったものの、すでに経済の中心地は他に移っていた時代に、地中海沿岸のヨーロッパ諸国は地理上の発見と航路の開拓において大きな存在感を示した。そして、人々のあいだに新大陸のみならず旧大陸の知識を普及させることにおいて、ヴェネツィアは少なからず貢献した。

航海の歴史でヴェネツィアが重要な役割を果たしたことについては、議論の余地はあるまい。風配図を「風の薔薇《ローザ・デイ・ヴェンティ》」と名づけたことだけでも十分だろう。風の方角は、地中海のクレタの北西のある地点を基準として決まる。この風は女主人《マエストラ》、すなわちヴェネツィアから吹くため、「マエストラーレ」と呼ばれる（〝マエストラ〟はローマを指すという説もあるが、レバント地方の海域を航海していたのは明らかに教皇の船員たちではなかったはずだ）。ヴェネツィアの船乗りのなかには地中海の外に出た者もいる。たとえば、ニコロとアントニオ・ゼンの兄弟は十四世紀末に北大西洋を航海してアイスランドの西、おそらくグリーンランドにまで達し、ニューファンドランドのカナダ側の沿岸を探検した。あるいはアルヴィーゼ・ダ・モスト（通称カダモスト）は、一四五五年にポルトガル調査団の団長として大運河《カナル・グランデ》（現在もそのまま残っている）の館を出発し、カーボヴェルデの島々を発見してセネガル川をさかのぼった。反対の方角へ乗り出した者もいる。キオッジャのニコロ・デ・コンティは一四二一年にスマトラ、ビルマ、ヴェトナムを訪れた（この話が現代に伝わった経緯には、ちょっとしたいわくがある。彼はイスラム教に改宗したのち、ふたたびキリスト教に戻ったが、教皇エウゲニウス四世は罰として、秘書の人文主義者ポッジョ・ブラッチョリーニに冒険をすべて語るよう命じ、ブラッチョリーニが書き写した）。

いずれにしても、航海には地図が必要となるが、それは戦争でも同様だった。地形学というのは、言うまでもなく戦争の学問である。だからこそ、ヴェネツィア――造船と大砲の製造に長けた国――は地図や軍事関係の出版の分野で押しも押されぬ地位を築くと同時に、ほぼ独占状態を手に入れることができた。それゆえ熱狂的なブームが巻き起こり、「専門家だけでなく一般の人も加わって、いわゆる〝地図マニア〟の数は頂点に達した。著作権も何もあったものではなく、無数の地図が複製され、修正され、あるいは単に興味深い部分だけを集めたものが印刷されたりした[1]」。

世界ではじめて出版された地理書は、一五五〇年のジョヴァンニ・バッティスタ・ラムージオによる『航海・旅行記集成』である。「単なる法律や通達の寄せ集めではない、初の歴史的史料の全集で、地理や旅行の話を実証したものとしても、当時は他に類を見なかった。また、はじめてではないにしても、（一五三二年にバーゼルで出版された『Novus Orbis』〔新世界〕に次ぐ）一般文学的な要素も加わった作品で、こうした旅の物語については現在もぴったりする定義が存在しない」(2)。嵐の過ぎ去ったあとの状態については割愛するが、結果的には、その後長らく繁栄が続き、ヴェネツィアは「少なくともイタリア人が関わっているかぎり、地理上の発見にまつわる出版の中心地となった」(3)。

ヴェネツィア人は、印刷術の発明がこの分野を勢いづかせるはるか以前から地図をつくっていた。彼らが何世紀にもわたって地理の知識を蓄えてきたのは、「貿易活動が盛んであることと、経済・文化の中心地として栄えていたことが大きい」(4)。当時のヴェネツィア人の地理学に関する能力には、世界中どこを見まわしても並ぶ者がいなかった。たとえば、マドリードに駐在していたヴェネツィア大使のコンタリーニは、「マゼランの世界一周で、航海日誌の日付と帰国した日付がなぜ一日ずれていたのかを説明できる唯一の人物だった」(5)。

ここで少し時代を遡って、パオリーノ・ミノリタという修道士にご登場願おう。彼は一二七五年にヴェネツィアで生まれ、ナポリ近郊ポッツオーリの司教となったが、彼の残した『世界地図』には丸い平面天球図が描かれ、ヨーロッパが海に囲まれている。十五世紀初期には、アンドレア・ビアンコ・ヴェネツィアーノが海図を作成し、「航海術に三角関数の計算を適用する」ための指示が記されていた(6)。その七枚目には、「北欧、ノルウェーのさらに先に、それまでの地図には登場しなかった島々が描かれ、おそらくヴェネツィアのゼン兄弟の航海から得られた情報に基づくものと思われる[7]」。だが、この時代の主役は間違いなくマウロ修道士だろう。彼はサン・ミケーレ島（一九八七年に世界初のコーランが数世紀ぶりに再発見された場所）のカマルドリ会修道院で、十五世紀なかばに「中世で最も大きな地図の記念碑」をつくった[8]。装飾的で説明がびっしり書きこまれた彼の世界地図は、唯一現存する一枚がヴェネツィアのサン・マルコ図書館に保管されている。彼の手柄はそれだけではない。地図を作成する本格的な工房を設立し、そこでは複数の人間が（前述のアンドレア・ビアンコもそのひとり）「ポルトガル王国のアルフォンソ五世が注文した世界地図の制作に励み、一四五九年に王のもとへ送られた[9]」。はからずも、マウロはこの年に息を引きとっている。

やがて、大発見の時代を迎える。もっとも、それらは前述のとおりスペイン人やポルトガル人の手柄であり、ヴェネツィア人は蚊帳の外だった。というよりも、むしろ世界が再分割されるのを唖然として見守るばかりだった。一五〇四年二月、商人たちが乗ったサン・マルコの獅子像を頂いたガレー船が、エジプトのアレクサンドリアから積荷を載せずに戻ってきた。香辛料はアフリカ大陸を船で一周したポルトガル人に残らず買い占められていたからだ（しかし決定的な打撃にはならず、数年後にはアドリア海の港にふたたび香辛料が流入する）。だが、それを見てもヴェネツィア人はのん気に構えているばかりだった――ポルトガル人は自分たちが東方で実現したことを西方で繰りかえしているだけで、世界における商業の二大国として対等な立場であると信じて疑わなかった（実際にはイギリスが台頭して世界地図を描き替え、地中海は世界貿易から取り残された）。

ヴェネツィア共和国は、すぐに新たな地理情報の発信地となったわけではなかった。クリストファー・コロンブスの大西洋への航海は、ヴェネツィアの出版人たちにとっては不意打ちだったようだ。新大陸発見の知らせは、一四九三年二月にコロンブスが——いまだに帰港していないカラベル船上で——スペイン語で記した手紙によってヨーロッパに到着した。手紙の宛先はアラゴンの財務官で、航海に必要な資金の大部分を集めたルイス・デ・サンタンヘルだった。スペイン王国は、新たな大陸の覇権を手に入れるべく、その手紙をラテン語に翻訳させ、同年五月にはローマで出版させた。翌年にはローマ、パリ、バーゼル、アントワープで計九種類が出版された。ドイツ語に翻訳されたのは一四九七年になってからのことで、ヨーロッパ北部はこの発見にあまり関心を抱いていなかったことがうかがえる[10]。ヴェネツィア共和国が舞台に登場したのは、コロンブスの最後の航海（一五〇二年五月〜一五〇四年十一月）の折だった。きっかけとなったのは、彼が一五〇三年七月七日にジャマイカからスペイン王に宛てて書いた手紙だ。もともとは手書きのものが出まわっていたが、一五〇五年にヴェネツィアではじめて印刷された。出版人たちは名誉挽回を狙っていたにちがいないが、外交官にとっては事情が異なった。彼らはコロンブスの画期的な冒険の意義をすぐさま理解して、スペインの腹の内を探ろうとする。結果的に、その重要な役割を果たしたのはアンジェロ・トレヴィサンという人物だった。一五〇一年にヴェネツィア大使としてマドリードに赴任したドメニコ・ピサーニの秘書である。彼はコロンブスの手紙を書き写し、コロンブスを助けるために祖国からアメリカ大陸沿岸の地図を取り寄せ、手紙に加えてコロンブスの近況を伝える書簡をヴェネツィアに送った。そのなかで、彼は「最も大切な友人」

が「現在は窮地に立たされているが、わが国とわずかな硬貨のおかげでどうにか品位を保っている」と記している。[11]確かな証拠はないものの、この言葉を見るかぎり、ジェノヴァ出身の提督はヴェネツィアのドゥカート金貨に苦境を救われたということもまったくありえないわけではない。トレヴィサンの書簡はヴェネツィアで著者不明の『スペイン王国の航海および新たに発見された島と大陸に関する小冊子』として、アルベルティーノ・ヴェルチェッレーゼによって出版された。彼はミラノから遠くないブリアンツァの中心地、リッソーネ出身の人物である。だが、コロンブスの手紙はほとんど普及しなかった（注目されたのは十九世紀になってから）。成果といえば、「アメリカ」という呼称が定着したことくらいだろう。

こんにち、「アメリカを発見したのは誰か？」と問われれば、ほとんどの人が「クリストファー・コロンブス」と答えるはずだ。だが、十六世紀に同じ質問をしたら、答えは「アメリゴ・ヴェスプッチ」となるだろう。実際、ヨーロッパに新大陸の存在を知らしめたのは、「ルネサンス時代に最も普及した地理書[12]」、つまりこのフィレンツェの提督の手紙である。そして、この手紙の最も普及した版が出版されたのは、ヴェネツィア共和国の領土、ヴィチェンツァである。この手紙は、ヴェスプッチが一五〇二年にフランスに滞在中のフィレンツェ大使ロレンツォ・デ・メディチに宛てて書いたものだ。これがすぐにラテン語に翻訳され、『新世界』という題でパリ（一五〇三年）とヴェネツィア（一五〇四年）で出版された。一五〇六年までに十一のラテン語版が出版され、十六世紀前半だけでも五十を超すほどとなった。いわゆるベストセラーである。アメリカという名前の誕生――そしてドイツではコロンブスよりヴェスプッチが有名であるという事実――は、マルティン・ヴァルトゼーミュラーによって示されている。ヴェスプッチの航海手記が含まれた一五〇七年の『宇宙誌入門』で、彼は次のように書いた。「世界第四の大陸はアメリゴ・ヴェスプッチによって発見された……ここは〝アメリガ〟、すなわちアメリゴの土地、もしくはそれを発見した聡明な人物に因んで〝アメリカ〟と呼ぶべきである[13]」。このようにして「アメリカ」は誕生した。すばらしい出来事を広めた人物はもうひとりいる。ヴィチェンツァ地方の人文主義者フラカンツィオ・ダ・モンタルボッドは、一五〇七年に故郷で『フィレンツェのアルベリコ・ヴェスプーティオが新たに発見した新世界』と題した著作を発表し、全六巻の五巻目で、このトスカーナの提督の手記を紹介している。ルネサンス以前には、この本と、ヴァルトゼーミュラーの『宇宙誌入門』が地理に関する主な情報源だった。「ヴィチェンツァの全集はコロンブスの四回目の航海にはまったく触れておれず、ヴェスプッチの並はずれた名声を広めるきっかけとなった[14]」。したがって、アメリカに現在の名前がついたのは、ひとりのドイツ人の洞察力と、ヴェネツィアの出版界のみが実現できたヴェスプッチの手記の普及によることは明らかだ。「ヴェネツィアには、出版と地理上の発見が結びつくのに有利な条件がそろっていた[15]」。

当時のヨーロッパでは、世界探検に関する知識欲が熱狂的に高まり、ヴェネツィアはそうした情報の発信地としての役割を担っていた。イタリアでは、一四九二〜一五五〇年にかけて新世界に関連する本が九十八冊出版された。うち五十冊がヴェネツィアで、二位のローマ（十五冊）を大きく引き離している[16]。地理上の発見は、ポルトガルやスペインでは銀行の通信文や大使の書簡に記載される程度で、当時、そうした手段にとらわれずに自由に行動した国はひとつしかなかった——つまりヴェネツィア共和国である。「航海を行なった大国（スペイン、ポルトガル）は、知識の普及では主導権を握ることはなかった。この分野で中心的な役割を果たしたのはイタリアである[17]」。ヴェネツィアとイタリアに続いたのはドイツとフランスで、やや出遅れて十六世紀後半にイギリスがこれに加わる。

一方、世界初の嶼誌とされる作品が一五二八年にヴェネツィアで誕生している。一四五〇年ごろにパドヴァの貧しい家庭に生まれた著者のベネデット・ボルドン（ボルドーニ）は、地理学者のみならず、腕のいい細密画家、設計者、画家と多彩な才能を発揮した（遺言状で言及されている絵画作品は紛失した。細密画家としては、第二章で見たように、アルド・マヌーツィオに協力して『ポリフィルス狂恋夢』の挿絵を描いたと考えられている）。ボルドンは十五世紀末にヴェネツィアへ移り、一五三〇年二月にこの世を去るまで滞在した。あとには三人の娘とふたりの息子が残され、その息子のひとりが哲学者のジュール・セザール・スカリジェ（本名ジュリオ・ボルドーニ）だと言われている[18]。ボルドンは一連の図を『イタリアの全地方』（紛失）として出版し、「ボールのように丸い形」の世界地図を作成するために、一五〇八年に印刷特認権を申請している。彼の代表作は、その二十年後の一五二八年に生まれた。『ベネデット・ボルドーネの世界島嶼論』は甥のバルダッサーレに献呈されている。バルダッサーレは軍医として、「ヴェネツィアの兵士とカトリック王国の優秀な軍隊」とともに地中海をくまなく航海したようだ。「現実とは異なる信仰や神話に満ち（中略）信頼性に乏しい[19]」ボルドンの作品は、再版時に『嶼誌』と改題され、一五四七年までの二十年間で五刷に達した。「嶼誌」という言葉が知られたこと以外にも、この本には明らかな功績がある。北米のラブラドル半島は、連れてこられた奴隷が働いていたため、著者が「労働《ラボラトーレ》の土地」と呼んだことから名前がついたとも言われている。（訳注：通説ではこの地を探検したポルトガル人のジョアン・フェルナンデス・ラブラドールにちなむ）

ボルドンはこの本が出版された二年後に死去し、再版は一五三四年だったため、みずからの成功を目の当たりにすることはなかった。だが、彼の航海地図や街の遠近法に則った都市図は歴史に残るものとなる。とはいうものの、誤りも容易に見つかった。たとえばブラジルはアゾレス諸島よりわずかに大きな島になっており、北米も独立した島として描かれていた。フランシスコ・ピサロによるペルー征服にはじめて言及したのもボルドンで、「大都市」テノチティトランの中央には大階段のついたピラミッドがはっきりと描かれている。これはおそらく、一五二四年にヴェネツィアで出版されたエルナン・コルテスの報告書のイタリア語版を参考にしたと思われる。ちなみに、この版はニコロ・リブルニオによる翻訳だが、その二年前にはミラノで訳者不明の版が出版された。現在のメキシコシティ——当時は一帯がテスココ湖——は島の真ん中のくぼみに入りこんでいる。キューバの付近には、人食い族の島のような残酷な絵が描かれており、説明によれば、その島に住む民族は近隣の島々を襲っては「島民を生け捕りにし、殺して、焼いて、食べる」が、それは男だけで、女は連れ帰って妊娠させて子を産ませ、明らかに大人の男よりもやわらかい肉を食べるという。いずれにしても、次の章に記されているシチリア、マルタ、イスキア島の説明は、もっと安心して読めるものだ。

ヴィチェンティーノのアントニオ・ピガフェッタはフェルディナンド・マゼランによる世界周

航の記録をフランス語で書いた。これは、ロードス騎士団長フィリップ・ド・ヴィリエ・ド・リラダンに捧げるためだったが、〝スペイン人による世界一周〟をヨーロッパに知らしめたのは、一五三六年にヴェネツィアで出版されたマクシミリアヌス・トランシルヴァヌスの著作だった(ポルトガル人のマゼランはスペイン王の命令で航海に出た)。

この本が出版される以前は、ヴェネツィアは外交手段によって情報を入手していたが、忘れてはならないのが、おそらく当代随一だった諜報活動の成果である。ヴェネツィア共和国には、広大な情報提供者のネットワークによって、たえず報告が送られていた。すでに登場したドメニコ・ピサーニは、トレヴィサンの手紙を利用する以外にも、インドにおけるポルトガル人の行動を報告させるために、リスボンにジョヴァン・マッテオ・クレティィコを派遣した。この時代には「イベリア半島に赴任した大使から多くの報告が寄せられ、毎回、西インドと東インドに関する新たな情報が含まれていた[20]」。ときには、秘書だけでなく大使みずから情報収集に当たることもある。一五〇一年にポルトガルに赴任したピエトロ・パスクアリーゴや、スペインに駐在したアンドレア・ナヴァージェロなどが代表的な例だが、とくに後者は、初の地理書であるジョヴァンニ・バッティスタ・ラムージオの『航海・旅行記集成』を編集するのに必要な情報を提供した。

ラムージオの父パオロは十五世紀後半にリミニからヴェネツィアへ移った。ヴェネツィア共和国がロマーニャの海岸を独占していた時代だ。ジョヴァンニ・バッティスタは一四八五年に生まれ、一五〇五年にヴェネツィアの書記局に秘書として入り、一五年には参事会、三三年には十人委員会の書記官となるなど要職を務める。外国へ行くことも多く、大使のアルヴィーゼ・モチェニーゴに随行してフランスへ行き、その後もスイス、ローマ、そしておそらくアフリカも訪れた。だが、彼の地理に対する並々ならぬ情熱は、偶然と政治的な任務が重なったことから生まれた。「一五三〇年、神の子を名乗るダヴィドというユダヤ人が、ヴェネツィアのユダヤ人をカナンの地に帰るよう煽動する。ラムージオに対して、この人物について調べ、化けの皮を剝ぐよう命令が下った。彼はダヴィドに会って、議会に報告した（年齢はおよそ四十歳、（中略）骨と皮ばかりに痩せていて（中略）裕福で絹の衣をまとい、手には指輪をいくつかはめた東洋風の容貌）。ラムージオは彼に好印象を持った。ダヴィドは聖書の解釈において博識で（中略）軍人としても優れていた[21]」。このユダヤ人は七年にわたってヨーロッパとアフリカの宮廷を回っており、ラムージオには彼がぺてん師とは思えなかった。それどころか、むしろこの人物、とりわけ彼の訪れた国々に感銘を受ける。それと同時に、議会でさまざまな意見を求められたため、異国の書物に関心を抱きはじめた。ラムージオはピエトロ・ベンボと交流があったが、この詩人も「地理に興味を持っており、当時、貴族のあいだで流行していた貴重な地図やアストロラーベ（天体観測器）を所有していた[22]」。彼は一四九五年に地理書『エトナ山について』を出版しているが、これはシチリアの「火山を視察して、みずからの目で観察した結果をまとめたものである[23]」。「この本は、自然および自然現象としてのみならず、地理上の発見や、新たな地勢に関する知識として、仲間の人文主義者のあいだでも関心が持たれていた[24]」が、とりわけこうした書物に造詣の深いラムージオの名声が高まるきっかけともなった。そして、船に乗って商業活動に出向く代わりに、文学や詩といった役に立たないものに没頭する「無精者」にくらべて、天文学、地理、歴史に関心を持つこの参事会の書記官は、ヴェネツィア政府の高官に厚遇されるようになった。

一方で、ラムージオはセバスティアーノ・カボートを政府に引きあわせようとする。ジョヴァンニ（英語名：ジョン・カボット）の息子セバスティアーノは、みずからの航海の才能を祖国に捧げたいと願い、イギリスではなくヴェネツィア共和国の船で航海に出ることを考えていた。そして、その計画を直接説明するためにヴェネツィアへ来たがっていたが、ラムージオの説得は失敗に終わり、結局、カボート親子は理想を掲げることなく、「自分たちの欲望を満たす」ためだけに北米大陸の探検に出航した。[25] いずれにしても、このふたりが固い友情で結ばれていたのは確かで、セバスティアーノ・カボートはラムージオを〝ヴェネツィアの親身なる後見人〟と呼んでいた。[26]

卓越した地理の知識のおかげで、ラムージオは政府からドゥカーレ宮殿の盾の間に飾る四枚の地図を作成するよう依頼された。これらの地図はただの飾りではなく、謁見のためにこの広間を訪れる外国人に対して、強大なヴェネツィア共和国が世界の中心であることを誇示する役目も担っていた。こうした類の地図が最初につくられたのは、一三三九年、フランチェスコ・ダンドロ総督の統治時代に遡るが、ジョヴァンニ・バッティスタ・ラムージオはヤコポ・カスタルディと協力して、これと同じものを作成することになった。四枚の大きな地図（大アジア、小アジア、アフリカ、ヨーロッパ）は現在も同じ場所に飾られているが、いまではラムージオは名前だけの製作者で、一七六二年にフランチェスコ・グリセッリーニが消えかけていた地図を全面的に修復した。

ラムージオが最初に地理書の出版に関わったのは、翻訳者としてだった。一五三四年、彼は「ピサロの無名の随行者によるペルー征服の記録を、フランシスコ・デ・ヘルスのものと併せて」翻訳し、出版した。[27] そのため、二年後に出版された訳者不明のピガフェッタの手記もラムージオの翻訳だと主張する研究者もいる。その間にもラムージオはあらゆる種類の地理の資料を集めて読んでいた。前述のナヴァージェロも大いに協力し、カール五世時代のフランドルでヴェネツィア大使を務めたフランチェスコ・コンタリーニは、彼のためにコンスタンティノープル征服に関するジョフロワ・ド・ヴィルアルドゥアンの古フランス語の著作を持ち帰った。ヴェネツィアに滞在していたスペイン大使、ディエゴ・ウルタード・デ・メンドーサ（メキシコ総督のアントニオ・デ・メンドーサの兄弟）からはアステカ帝国最後の皇帝モンテズマに関する記録を入手し、サント・ドミンゴの市長でインディオの歴史家でもあるゴンザロ・フェルナンデス・デ・オビエドからも資料を受け取っている。

ラムージオはオビエドの『インディアス自然史概略』の初のイタリア語版を出版し、『自然一般史』と併せてみずからの『航海・旅行記集成』の第三巻目で再出版している。[28] ヴェネツィア人らしく、ラムージオは商売を重んじ、一五三七年にオビエド（面識はない）、ヴェネツィアの財務執政官（総督に次ぐ第二の重要な地位）アントニオ・プリウリとともに会社を設立して、西方のインディオの商品を販売した（「酒と砂糖」）。契約書にはサント・ドミンゴとヴェネツィアでそれぞれ署名が行なわれたが、公証人ピエトロ・デ・バルトーリの記録が火事で焼失したために、その後の会社の活動についてはわかっていない。[29] 確かなのは、ラムージオが相続した土地を三倍にしたということだけだ。これは海外との貿易で得た収入によるものだと考えるのが妥当だが、あくまで仮説にすぎない。

ラムージオは著作の出版に必要な資料を、少なくとも二十年かけて集めた。そしてついに『航海・旅行記集成』が完成する。「古代から当時に至るまでの世界各国の航海者による六十五の記録が、全三巻の二折判に整然とまとめられている」[30]。第一巻は一五五〇年、第二巻は五六年、最後の第三巻はラムージオの死から二年後の五九年に出版された。このように刊行が混乱したのは、第二巻の出版準備が整っていたときに火災で設備が焼失し、トンマーゾ・ジュンタの印刷所が閉鎖に追いこまれたためである。第四巻の出版計画について触れた手紙も何通か発見されたが、結局は実現に至らなかった[31]。ラムージオは著作を匿名で出版する習慣があったために、出版社が著者を明らかにしたのは彼の死後のことである。

第一巻には、アフリカ、モロッコ、日本に関するマゼランの航海の記録が収められている。この巻が最も版を重ねたのは、いわば〝祖国愛〟がかき立てられたためだ。というのも、「ヴェネツィアにとってきわめて重要な経済分野、すなわちインドの香辛料とアフリカの金に関する記述」が大半だったからである[32]。全巻を通して、「当時のヴェネツィアに広がっていた、長きにわたる共和国の権力と繁栄を築きあげた商業の先行きに対する不安」が随所に読み取れる[33]。第二巻はアジア大陸、ペルシャ、中国、モスクワ大公国、そしてスカンジナビアとなっているが、ここでは『東方見聞録』が取りあげられ、マルコ・ポーロをはじめ、それまでに東方へ向かったヴェネツィアの冒険家たちの果たした役割を強調している。第三巻は新世界だが、これは印刷部数はふるわなかった。おそらく、ヴェネツィアもイタリア半島も、これらの発見およびその後の植民地化においては部外者だったためであろう。時は十六世紀後半、「地中海やレバント地方でヴェネツィア経済の衰退が何度となく警告されていた」時代である。[34]第四巻はおそらく南米（第三巻の続き）と、誰もがその存在を確信していたものの、いまだ発見されていなかった南半球の謎の大陸だったにちがいない。

『航海・旅行記集成』はヨーロッパに広く普及した。「たとえば、フランス人によるサン・ロレンソ湾の発見に関しては、ジャック・カルティエの『カナダ探検記』よりもラムージオの三巻目のほうが詳しく書かれている」[35]。ちなみに、カルティエは一五三四年に新大陸を探検したフランス人冒険家である。ラムージオの全集は、記録を年代に基づいて編纂《へんさん》せずに、独自の基準を採用し、「大陸別ではなく、住んでいる民族によって地域を分けた」点できわめて画期的だった。[36]さらに、彼は世界の概念をひっくりかえした。「ヴェネツィア人、すなわち海を〝固有の領土〟と考えていた市民は、世界は陸に囲まれた海が続いていると考えていた」[37]。

『航海・旅行記集成』が大流行したのは、「科学の共通言語がラテン語だった時代に俗語で出版された」ことも大きい。[38]おそらくラムージオは俗語のほうが筆が進んだのだろう。実際に使われている言葉を用いることによって、結果的に〝マスマーケット〟向けの商品が完成した。当時、のちのイタリア語となるトスカーナの俗語はヨーロッパに広く普及していた。ラムージオの全集は、一部の地域（アラビア、北アフリカ）では十九世紀になるまで地理の基本書と見なされていた。これが出版されて以降、図書館にはさまざまな旅行記が並ぶようになったが、いずれも特定の地域のみを取りあげたものばかりで、体系的な全集は現われなかった。

ラムージオの作品のおかげで、ヴェネツィアは地図の製作・販売も盛んになったが、「これは同時にビジネスが一部の会社に集中していたことを示している。この時代には大手出版社も登場し、たとえばミケーレ・トラメッツィーノの場合、兄弟で印刷と出版を手がけ、ヴェネツィアでシビュラ（古代ギリシャ・ローマの女預言者）の商標を用いて出版を行なっていた以外にも、ローマで別の会社と協力して事業を営んでいた」[39]。このころには地図帳の出版も始まった。「一五六八年、ボロニーノ・ザルティエリはヴェネツィアで街の地図と風景画を五十枚集めた本を出版した。（中略）この出版人は本格的な地図帳も製作したようだが、あいにく原本は残っていない」[40]。当時ヴェネツィアで活躍した版画家や印刷者は、ほぼ全員が「十六世紀のイタリアで最も偉大な地図製作者、ジャコモ・ガスタルディ」に協力している[41]。ヴィッラフランカ・ピエモンテに生まれたガスタルディは、一五三九年にヴェネツィアへ移住し、一五六六年に生涯を閉じるまでこの街で活躍した。彼は共和国の天文学者に任命され、一五四八年にはプトレマイオスの二十六枚の地図に新たに三十四枚を加えた『プトレマイオスの地理学書』を出版した。

「ラムージオが生まれた一四八五年には、ポルトガル人はまだ喜望峰に到達しておらず、コロンブスがそうとは知らずに世界第四の大陸に足を置くまでに七年あった。彼の死んだ一五五七年には、地図はまったく新しい形となっていた。（中略）この推移——世界のイメージに対してわずか半世紀あまりのあいだに急速に起きた変化——において、ジョヴァンニ・バッティスタ・ラムージオは全集の出版で最初に歴史に名を刻んだ[42]」。だが、この栄光も商業的な勢いも長くは続かなかった。「ヴェネツィアにおける地理・地図学の研究の黄金期は、共和国の権力の衰退とともに十六世紀末には翳《かげ》りを見せはじめた。地理上の発見は新たな航路と広大な土地を切り開き、輝かしきアドリア海の湾は世界から取り残され、かつての地位を失った(43)」。「ラムージオの遺産を受け継ぐのは（中略）イギリス人のリチャード・ハクルートである。アルマダの海戦でスペインの無敵艦隊に勝利した直後に出版された彼の『主要な航海』は、ヨーロッパの勢力拡大において新たな章の幕開けとなった(44)」。すでに世界は大きく変わり、その証人としての役割は、聖マルコを守護聖人とする共和国から聖ゲオルギオスの王国へと譲り渡された。

地図学は戦争と緊密に結びついていることは最初に述べた。戦うためには、陸地であれ海であれ、地図が必要となる。十六世紀のヴェネツィアは、もちろんわれわれが考えているように、ティツィアーノ、ティントレット、ヴェロネーゼ、サンソヴィーノ、パッラーディオらを生み出した芸術の揺りかごでもあったが、それだけではなく強大な軍事力を誇る超大国だった。海軍についてては異論はあるまい。オスマン・トルコは数でこそヴェネツィアを上回っていたものの、指揮官や砲兵の優秀さではとてもかなわなかった。海だけではなく、陸でもヴェネツィア軍は力を発揮し、カンブレー同盟戦争では、すでに述べたようにミラノの手前でヴェネツィア軍の攻撃を阻むために、ヨーロッパ諸国は当時の主要列強すべての力を結集させなければならないほどだった。

超大国としてのヴェネツィアは、ある意味では現代のアメリカ合衆国にも似ている。たとえば、当時のヴェネツィア人は武装して定期的に巡回しており、その頻度は他国をはるかに上回っていた。武器の輸出量も群を抜いている。ブレッシャでは鎧、剣の刃、槍先が鋳造され、鉄砲が組み立てられた。その近郊のガルドーネ・ヴァル・トロンピアやフリウリ、ポンテッバでは鉄砲の銃身が製造された（ガルドーネ・ヴァル・トロンピアの〈ベレッタ〉社は現在も世界有数の銃器メーカーである）。ヴェローナでは騎兵隊の装備、ブレッシャ北部の谷間やイストリアのモトヴンでは、槍、斧槍、パルチザン（左右の根元に小刃がついた三角形の穂の長槍）の柄の部分がつくられた。「ヴェネツィアが輸入しなければならなかったのは、より精巧な短銃や火縄銃の尾栓、火薬に必要な硫黄や硝酸カリウム、大砲をつくるための銅だけだった[45]」。つまり、ヴェネツィアでは軽兵器（矢や槍）を製造する一方で、「工場では青銅の大砲も鋳造されていた。その工場の武器庫は（ナポレオンによって略奪・破壊される）一万人の兵士に武器を供給できると考えられ、十人委員会のための厳選された武器を格納していた小さな武器庫とともに、しばしば重要人物が視察に訪れた。また、リド島で行なわれていた射撃競技では、十九世紀まであらゆる階層の参加者が腕を競いあった[46]」。さらにヴェネト州では武器が普及し、所有が当たり前だったことに加え、ヴェネツィアでは政府が臣民を信頼し、「船上でも漕ぎ手から命令を下す貴族まで、乗組員による反乱が起きないために、海戦に備えて武装させていた[47]」。

こうした戦争に対する装備は厳格に管理され、その結果、「ヴェネトの貴族ほど軍事問題に高い関心を抱いている階級はいなかった[48]」。貴族というのは、文字を読む教育を受けているのが普通である。そして貴族は、海や陸での軍務に就いたのちは、戦場での経験を活かして戦いの政策を決定する政治組織——議会、十人委員会、元老院——に加わる。貴族にはかならず秘書と会計係がつくが、彼らもまた教育を受けており、本を読むことができる。さらに、伝統的に陸軍の幹部は教養のある人物が務めることになっていた（海軍は身分の高い貴族）。

以上を考えると、研究や法律上の目的で関心を持つ人々を除いても、軍事関連の書籍の市場はきわめて広かったことがわかる[49]。同時に、当時の出版事情も説明がつくだろう。「一四九二年〜一五七〇年のあいだにヴェネツィアでは百四十五冊の軍事関連書が出版された。（中略）重版と再出版を別にすれば、ヴェネツィアの印刷所は六十七タイトルを新たに製作したことになる[50]」。同じ時期、ヨーロッパ全体でも六十四冊だった（最も多いのがヴェネツィア以外のイタリアで二十二冊、続いてイギリスが十四冊、フランスが十冊）。「この分野でヴェネツィアが主導権を握っていたのは歴然としていた[51]」。ただし、意外なことに海戦に関する本はまったく出版されなかった（もっとも、それに関してはヴェネツィア人はいまさら習得すべき事柄はないと考えていたにちがいない）。言うまでもなく、ヴェネツィアが抜きん出ていたのはこの分野だけではなかったが——聖書、法律書、古典文学作品、翻訳書、医学書、地理書も同様——他の場合とは異なって、「軍事関連書の割合がずば抜けて高いのは、レジオモンタナスがニュルンベルクを数学書の出版の中心地にしたように、この研究分野で秀でた専門家がいたからではない。ましてや、十六世紀初頭にアルド・マヌーツィオが古典文学に適正な価格を設定したように、出版社が何らかの働きかけをしたからでもない[52]」。早い話が軍事関連の出版は巨大なビジネスで、誰も独占することがなく、参入が容易だったということだ。初期に出版された五十三冊は（十冊の再版と四冊の翻訳書を含む）三十一人の印刷者が手がけている。ガブリエル・ジオリート・デ・フェッラーリという人物だけは、ひとりで十冊を出版したが、もちろん戦争に関する作品を専門にしていたわけではない。「一五四一年以降、彼はヴェネツィアで最も精力的に活動していた出版人だった」[53]。

ジオリートは前例のない分野にも取り組み、二十世紀の売店で売られている雑誌の原型のようなものをつくったり、現在の出版界にも残っている用語を使いはじめたりもした。具体的には「叢書《コッラーナ》」（訳注：″コッラーナ″には「首飾り」の意味もある）だが、ジオリートが使っていたのは同義語の「ギルランダ」（訳注：「花輪」「リース」などの意味）で、続けて出版される同じ大きさのシリーズ本を指していた。まさしく現代における叢書である。一五五七〜七〇年にかけては、「ギリシャの十三人の歴史家の翻訳書と、軍事関連の叢書」をすべてイタリック体の同じサイズで出版した[54]。最終的に全集となる本は、ジオリート自身、「部屋に飾ることができる」と明言している。それから二世紀後の一七七三年に、そうした全集の一セットが売りに出されたことで彼の言葉が証明された。これはイギリス領事ジョゼフ・スミスの蔵書だったが、彼はロンドンで最も有名で評価の高いヴェネツィアの風景画家カナレットの収集家として知られていた。

戦争をテーマにした本のうち、ヴェネツィアの出版社が「ほぼ独占[55]」状態だったのが軍事建築と要塞建設に関する書である。

時代はまさに移り変わりつつあった。砲兵隊の役割がより重要となり、つねに街の防御について考える必要が生じる。そして、身を守る防御から切り抜ける防御、すなわち塔と薄い壁から、大砲による攻撃に耐えるために稜堡を持つ要塞と、低く分厚い壁へと変遷していく。

十六世紀の国家は、どこも自国の防御体制を強化することに専念していたが、「当時、ヴェネツィアよりも広大な街の改築計画を立てていた国はなく、ましてや検討もされていない状態だった」[56]。実際、ヴェネト州のおもな都市は、ヴェネツィアを例外として、大砲による攻撃に備えて壁を再建する程度だった。一四九九年、オスマン・トルコ軍がフリウリに攻めこんできたが（この出来事をテーマに、一九四四年にピエル・パオロ・パゾリーニが戯曲『フリウリのトルコ人たち』を書いた）、このときサン・マルコ寺院の鐘楼から彼らの野営地の焚き火が見え、ヴェネツィアはそうした侵攻を防ぐために砦を築くことを決めた。一五九三年十月七日（レパントの海戦の記念日）、パルマノーヴァの砦の定礎式が行なわれた。ダルマチア、エーゲ海のキプロス、クレタ、そしてヴェネツィアでは港の防壁も強化する必要があった。これについては迅速に工事が行なわれ、一五五四～五九年にかけて、当時の有名な建築家ミケーレ・サンミケーリがサンタンドレアの砦を築き、リド島の港からラグーナへの侵入を監視できるようになった（パルマノーヴァは実際に使用されることはなく、サンタンドレアは一度だけ、一七九七年、フランスの軍用帆船――皮肉にも〝イタリアの解放者〟号と名づけられていた――に対して攻撃を加えて沈没させた。しかし指揮官ドメニコ・ピッツァマーノはナポレオンの優位を招いて逮捕される）。「ヴェネツィアの軍事関連書のなかでも最も注目を集めた」[57]軍事建築だが、残念ながら、当代随一の建築家として名高いアンドレア・パッラーディオの名は著者のなかに見当たらない。彼は要塞の建設ではなく、軍隊の訓練や編成に関心を持っていた。

　とはいうものの、彼の情熱は単なる理論にとどまらず、「古代式訓練」[58]を考案して新兵の育成――斥候兵とガレー船の漕ぎ手――に携わった。「邸宅や教会の建築家が、急ごしらえの演習陣地で命令を怒鳴っている光景は（中略）軍事関係の本の読者がかなりの数にのぼるという事実を示していた。ヴェネツィアの出版界は、そうした戦術の研究家を含めた読者層に支えられていた[59]」。

ヴェネツィアが要塞建設の本で頂点に立っていたとしたら、砲術の分野でも同じことが言える。実際、「最初に他の都市で出版された本を再出版する必要もなく」首位の座をキープしていた[60]。十六世紀なかばの二十年間には、ヴェネツィア以外の都市で砲術の本は二冊しか出版されず、うち一冊はブレッシャ、つまりヴェネツィア共和国内である（もう一冊は一五四七年にニュルンベルクで出版された）。砲術は弾道学、それゆえ数学も意味する。「イタリアでは数学に対する関心が高かったが、そうした教養が戦術に関する本という形になって実現したのはヴェネツィアならではの現象[61]」で、一五〇五年に初のユークリッドのラテン語訳が出版されたのも偶然ではない。

こうした十六世紀の超大国の国防に対する構想を踏まえたうえで、出版されることのなかった本にも目を向ける価値はあるだろう。すなわち海戦に関する書である。「どれだけのヴェネツィア人が船での生活や度重なる戦争、海賊の撃退、新たな船の試乗や武器・装備の設置を経験したことがあるかを考えると、こうした本がないのは驚きである[62]」。実際には、準備が進められながらも出版されなかった本があり、これは原稿の段階ですでに反響が大きかった。クリストフォロ・ダ・カナルの『海軍について』という本で、十六世紀の「ヴェネツィア海軍の奇抜で戦闘的な指揮官」を描いたものだ[63]。この上級水夫長の貴族――ガレー船では指揮官はつねに貴族だった――は一五一〇年に生まれ、六二年に戦いによる負傷で命を落としている。マラーノ・ラグナーレで物資調達に携わっていた一時期を除けば、彼は一生を艦隊で過ごした。従来は志願者だったガレー船の漕ぎ手を強制労働の受刑者にしたのも、ガレー船に完全に武器を装備させたのも、この人物が最初だった。彼のアイデアは定着し、やがてガレー船を意味する「ガレーラ」という言葉が刑務所も表わすようになる。クリストフォロ・ダ・カナルは、みずからの著作が出版されるのを目にすることなくこの世を去った。彼の書は「このうえなく感動的だが、結局、日の目を見ることはなかった[64]」。

海戦に関する本が出版されなかった理由としては、公海での戦いはできるかぎり避けていたことや、艦隊のおもな任務は兵士の移送および陸軍への食糧供給だったことも挙げられる。また、抑止力としての機能も忘れてはならない。ヴェネツィアの船は地中海の激戦地へ派遣され、これ見よがしに旗をひらめかせて、敵に戦いを避けたほうが得策だと理解させていた。言うなれば、第一次世界大戦までの海軍戦略を象徴する「存在する艦隊《フリート・イン・ビーイング》」(現存艦隊)の先駆けである。

第八章　楽譜の出版

リュートを奏でながら恋歌を歌うというのは、マンドリンで『オー・ソレ・ミオ』を熱唱するといった、いかにもイタリア的なイメージの十六世紀版のようにも思えるが（リュートではなくマンドリンというところが貧困な発想だが……）、じつはあながち間違いではない。

当時のヴェネツィア人は、ドイツの画家アルブレヒト・デューラーに言わせれば「芸術の理解者とすぐれたリュートの演奏者」で、[1]数少ない女性の人文主義者カッサンドラ・フェデーレは、詩人・音楽家として名を馳せていた。一五三三年には、のちにサン・マルコ寺院のオルガン奏者となるアンドレア・ガブリエーリが生まれている。彼は甥のジョヴァンニとともに、十六世紀で最も有名な音楽家として名声を博した。

とにかく、ヴェネツィア人は楽器を弾くのも歌うのも好きだった。当時流行していたゴルゲッジョ（訳注：喉を震わせてトリルを歌う発声法）は、十九世紀になるまで衰えない。不眠症にかかったリヒャルト・ワーグナーが安らぎを求めて夜のヴェネツィアをさまよっていたときに、ゴンドリエーレの歌を聞いて『トリスタンとイゾルデ』の第二幕のフィナーレを思いついたというのは有名なエピソードである。彼らはつい最近まで歌いつづけていた。二十世紀前半になっても、牛乳配達人が自分でつくった歌で配達を知らせたり、船を係留するために、労働者が歌いながらリズムを刻んで運河に杭を打ちこむ光景は珍しくなかった。歌えば歌うほど、音楽に関する知識も増える。したがって、歌や器楽曲を集めた本は上流階級に限らず、広く大衆に向けたものだった。つまり、楽譜の出版は当初から国内市場で大きな可能性を秘めていたことになる。そして蓋を開けてみれば、実際にそのとおりだった。そうでなければ、出版社は音楽には見向きもしなかっただろう。

短期間のうちに発展して全盛期を迎えた他の分野とは異なって、楽譜の出版は、ヴェネツィアが中心地となるまでに、一度衰退してから復活するという数奇な運命を辿った。さらには、〈スコット〉と〈ガルダーノ〉の二社だけで「二千冊以上の楽譜を出版した。これはイタリアとヨーロッパ北部で出版された楽譜の合計を上回る数字である」[2]。まさに出版界の二大王朝と言えるだろう。「音楽出版の商業化に対する貢献と、すばらしい出版物によって、この二社はルネサンス時代を代表する音楽出版社となった」[3]。もっとも、ヴェネツィアではじめて楽譜を出版したのも、(グレゴリオ聖歌よりもはるかに複雑な)ポリフォニー(多声音楽)の楽譜にはじめて活字を利用したのも、この二社ではなかった。活字を用いたのは、「音楽界のグーテンベルク」と称されるオッタヴィアーノ・ペトルッチである。

音符を印刷しようとする試みは、グーテンベルクの聖書が出版された直後から行なわれていた。二年後の一四五七年、同じマインツで、ヨハン・フストとペーター・シェーファーが印刷機でつくった五線譜に手で音符を書きこんで『詩篇』を出版した。その後、手順が逆になる。つまり五線譜を手で書いて、よりくっきり見せるために、その上から音符を印刷した。楽譜そのものが活字で印刷されたのは、一四七六年、ウルリッヒ・ハン（またしてもイタリアに移民したドイツ人）という人物がローマで『ミサ典書』を出版したのが最初だった。だが、ポリフォニーにくらべると、グレゴリオ聖歌の記譜法ははるかに単純だ。四線譜で音符の種類も少ない。「ミサの音楽は印刷がきわめて容易なために、最初に普及した。比較的音域が狭く、リズムもほとんど変化しないという特性のおかげで、複雑なポリフォニーよりも簡単に印刷することができる」[4]。とはいうものの、ハンの『ミサ典書』は「木の鋳型で印刷され、ひどく粗末で大きさも不ぞろいだったために、結果的に成功したとは言いがたかった」[5]。

「印刷で用いるあらゆる活字のなかで、音楽に関するものは最も複雑である。さまざまな記号が必要となるうえに、技術的にも言語の活字とはいっさい共通点がなく難しい。さらに、十五世紀末〜十六世紀初めにかけては、多くの種類の記譜法が使われた」[6]。典礼聖歌には、ローマ、ゴシック、アンブロシウスの三種類の記譜法がある。通常は線を赤で印刷したあとに、ふたたび紙を印刷機に通して黒で音符を印刷するが、しばしば音符の中は手で塗りつぶす。いずれにしても、初期活版《インキュナブラ》印刷本の時代にこの分野が発展したのは、やはりヴェネツィアだった。一五八〇年代には「音楽出版の世界の中心となり、七十六冊以上、すなわちイタリアの音楽のインキュナブラの半分以上を出版した。ヴェネツィアではおよそ十七の印刷所が楽譜の出版に挑んだ。（中略）〈ジュンティ〉は長らく典礼音楽の楽譜の出版を牽引したが、それは一五六九年に教皇ピウス五世が他の印刷所にトレント典礼（訳注：トレント公会議の要請によって定式化されたミサの様式）の出版を認めるまでのことだった」[7]。

いずれにしても、革命はまたしてもひとりの移民の手によってヴェネツィアにもたらされた。

オッタヴィアーノ・ペトルッチは一四六六年六月十八日、マルケ州ペーザロ近郊のフォッソンブローネに生まれた。彼は「まぎれもなく革新者であり、伝道師であり、音楽の知識が大爆発を起こした際に導火線に火をつける役割を果たした」[8]。ある伝記作者が興味深いたとえを用いている——音楽の革命においては、アントニオ・ガルダーノがレーニン（革命の実現者）であるのに対して、オッタヴィアーノ・ペトルッチはマルクス（革命の着想者）である[9]。印刷者になる以前の彼の人生については、あまり——ほとんど何も——わかっていないが、三十歳を過ぎて出版界に入ったのは、当時の基準から考えれば遅咲きである。家は貧しかったわけではなく、郊外に土地を所有していたが、オッタヴィアーノは一四九三年にすべて売り払っている。理由は明らかではなく、また彼がいつ、何のためにヴェネツィアへ移ったのかも定かではない。ただし、一四九八年にヴェネツィア議会に対して音楽出版の特認権を申請したのは確かだ。したがって、その少し前からヴェネツィアにいたと考えるのが妥当だろう。いつ、どこで印刷が行なわれたのかもわからない。ウルビーノだという説もあるが[10]、一四八〇年以降、同郷のバルトロメオ・ブドリオの印刷所の経営に、アレッサンドリア出身のアントニオ・デッラ・パーリア、ミラノのマルケジーノ・ディ・サヴィオーニとともに参加していることを考えると[11]——これは事実——同じヴェネツィアで活動していた可能性が高い。ヴェネツィア共和国には、もうひとりフォッソンブローネ出身の人物がいた。フランチェスコ・スピナチーノというリュートの名奏者である（ペトルッチは彼のために楽譜を出版している）。ひとりの印刷者とひとりの音楽家が、初のポリフォニーの楽譜が出版された街で出会った——これは単なる偶然ではあるまい。

特任権の申請から実際に出版されるまでに、じつに三年もの歳月が流れている。この異例の長さは、ポリフォニーに必要な音符や記号を製作し、五線譜の上に正しく配置し、きちんとずれないように印刷するのが技術的にいかに困難だったかを物語っている。けっして最後の段階で出版社の入札が行なわれていたわけではない。いずれにしても、活字による初の楽譜の出版は、ヴェネツィアに移住したマルケ人たちの手で実現することとなった。というのも、ペトルッチはペトルス・カステラヌスという人物の手を借りたからだ。最近の研究によれば、彼はマルケに生まれ、サンティ・ジョヴァンニ・デ・パオロ教会でドメニコ会の修道士になったのち、一五〇五年に聖歌隊の指揮者に就任し、一五一六年に死去したことがわかっている。(12)

『ハルモニケ・ムシケス・オデカトン』（いわゆる『オデカトン』）がこの世に生まれたのは、一五〇一年五月十五日のことだった。これは、フランス＝フランドル楽派の作曲家の曲を集めた楽譜集で、ラテン語とギリシャ語を組みあわせたタイトル（「百の歌」の意）から、百曲が収められているように思われるが、実際には九十六曲だ。歌詞については「くっきりしたゴシック文字が鮮やかな黒のインクで印刷され、五世紀を経ても変わっていない。金属の活字は、鉛か錫《すず》か、あるいはそれらを混ぜあわせたものかどうかはわからないが、明らかに熟練した職人によって彫られている。当時のヴェネツィアではほとんどの印刷者が活字を重視しており、腕のいい職人を探すのも難しくなかった(13)」。それらの一部と複製が、現在ボローニャの音楽博物館に展示されている。ペトルッチが九カ月後に次の楽譜を出版している事実から、この試みは成功をおさめたにちがいない。彼は「ポリフォニーの楽譜に対する潜在的な需要を見抜き、最新のレパートリーを入手できる環境を整えた」[14]。要するに、このフォッソンブローネの印刷者は当時の「ヒット曲」を世間に提供し、その見返りとして愛好家たちは楽譜を買ったというわけだ。

印刷に当たって、ペトルッチはきわめて費用のかかる技術を用いた――各ページを三度ずつ印刷機に通すのだ。最初に五線、次に音符と記号、そして最後に歌詞を印刷する。非常に細かく鮮明な活字を使うことによって、最高の品質を保つことができる。二度目、三度目も同じで、一度目とまったく見分けがつかないほど美しい仕上がりだった。ほかの印刷者による楽譜は、とくに特徴がなく、二度目や三度目の印刷では多少ずれることもあったが、「ペトルッチはまさに芸術家で、その作品は傑作だった」[15]。さらに決定的な違いがある。「他の楽譜はしばしば曲の一部のみだったが、ペトルッチの楽譜は全曲で構成されていた」[16]。「誰ひとり、五線譜に音符を整然と並べるペトルッチの正確さには及ばず、また彼のように洗練されたページを作ることもできなかった。当時の習慣にしたがって、ペトルッチは楽譜が手書きに見えるように印刷した」[17]。だが、彼の印刷方法には大きな欠点があった。あまりにも費用がかかるのだ。下手をしたら、手書きの楽譜に相当する価格がつくこともあった[18]。そのうえ、前述のように正確を期して各ページを三度ずつ印刷機に通すため、恐ろしく時間がかかり、ほかのものはいっさい印刷できなかった。一日の印刷枚数は、せいぜい百~百五十枚といったところだろう。楽譜のおもな購入者は、どうしても手書きのものを注文するようなエリート層に限られるため、結果的により経済的な印刷方法を考えるまでには至らなかった。とはいうものの、少なからぬ参入者が現われたところを見ると、ビジネスとしては魅力的だったにちがいない。活字職人のジャコモ・ウンガロは、すでにマヌーツィオの印刷所で働いていたが、「装飾歌唱の楽譜を印刷する方法を考えて」、一五一三年に印刷特認権を申請している[19]。

いずれにしても、オッタヴィアーノ・ペトルッチは商業的な成功をおさめ、手にした利益の一部を生まれ故郷に投資した。その結果、グイドバルド公爵によって、資産家のみが参加できるフォッソンブローネ議会への加入を認められた。一五一一年には――一五〇九年のアニャデッロの会戦で敗北した結果、当時のヴェネツィアは領土の大半を失っており、奪回するのは一五一六年以降のこと――ペトルッチは活動の拠点を故郷に移すことを決意した。そして、彼はフォッソンブローネで出版を続けるが、ここでは楽譜以外のものも手がけている。「一五一三年には、注目すべき作品を出版した。司教パオロ・ダ・ミッデルブルゴによる『復活祭の正しい祝い方について』(いわゆる『パウリナ』)で、ローマ暦の修正と復活祭の日付の計算方法について書かれている。このうえなく美しい装飾、みごとな段落の頭文字、鮮明な文字、あらゆる印刷の技術を結集した傑作であり、そのすばらしさはこんにちもなお称賛に値する。同時に、当時フォッソンブローネに滞在していたフランチェスコ・グリッフォの活字の美しさも、あらためて認識させられる[20]」。

ペトルッチは出版による利益を関係の深い分野、すなわち製紙業に投資した。フロジノーネ近郊のソーラと、アックアサンタ・ディ・フォッソンブローネの二カ所に製紙工場を設立し、これらは何代も引き継がれて一八六二年まで操業する。「ヴェネツィアで競争の激しい出版界の最前線で戦いつづけ、故郷では産業を活性化させて町おこしに尽力したペトルッチは、一五三九年に――わかっているかぎりヴェネツィアで――この世を去った[21]」。彼の功績もまた、他の多くのイタリアの著名人と同様に過小評価されている。活字を用いた楽譜印刷の発明者の名は、故郷のフォッソンブローネの広場と、ローマ県にある二本の通り――ウルビーノとフィウミチーノ――だけでなく、より大々的に残して然るべきだろう。

ペトルッチ以外の楽譜の印刷方法としては、イストリア半島モントーナ（当時のヴェネツィア領で、現クロアチアのモトヴン）出身のローマの音楽家、アンドレア・アンティーコの考案したものがある。この方法はふたつの手法を組みあわせている――音符を木版印刷の方法で木の板に彫りこみ、その下に歌詞を活字で印刷するという仕組みだ。アンティーコは一五二〇年にヴェネツィアへ移り住み、当時の主要な印刷者、とりわけオッタヴィアーノ・スコットのもとで活字職人として働いた。その後、みずから印刷も手がけるようになったが、彼の方法は各ページを印刷機に通すのは一度のみで、木の板は繰り返し使用できるという利点があった。だが、あいにく費用の面では問題が残った(22)。たしかに印刷の工程は短いものの、木の板に音符を彫る作業には膨大な時間がかかった。ただひとつ、ペトルッチの方法にくらべて大きく異なることがある――同じ時間でより多くの部数を刷ることができたのだ。最近の研究によって、アンティーコの楽譜のコストはペトルッチの約三分の一だったことが判明している。したがって、アンティーコにも商売上の成功のチャンスはあったわけだが、実際には音符を彫るのに時間がかかったために、出版点数が限られる結果となった。「このふたりの名人（ペトルッチとアンティーコ）は、美しさと見やすさの点で比類なき楽譜を作った反面、市場の潜在的な要求に応えることはできなかった(23)」。

吉報が届いたのはヴェネツィアからではなく、ロンドンからだった。かの地で、印刷機に紙を一度通すだけで楽譜を印刷することにはじめて成功したのだ。一五一九〜二三年にかけてこの方法を発明したのはジョン・ラステルという人物だったが、残念ながら彼はみずからの洞察力を商売につなげることができなかった。本当の意味で成功をつかんだのは、真の楽譜出版者と名高いパリのピエール・アテニャンだった。彼は一五二八年に音符と五線の楽譜の出版で、歌詞と記号の数に応じて利益を生み出す仕組みを確立した。方法はきわめて単純だった。五線を細かく縦に分割して、それぞれに音符と記号を割り当てる。それを一単位として、曲の最後までひとつずつ順番に組みあわせていくというわけだ。たしかに継ぎ目が見え、ペトルッチやアンティーコの優雅で洗練された楽譜にくらべれば見劣りするものの、費用は驚くほど安く抑えられた。アテニャンは「体裁よりも数を優先した。その結果、楽譜は可能なかぎり安く、速く、大量に印刷できるようになった[24]」。「行程が短縮され、費用もかからないため、数多く出版して低価格を実現し[25]」、依然として楽譜以外の本にくらべれば高価だったが、印刷部数は数千部に達した。

一度で楽譜を印刷する画期的な方法はたちまちヨーロッパに広まったが、ヴェネツィアに届くまでにはしばらく時間を要した。まずはパリからリヨンに伝わり、続いてドイツのニュルンベルク、ヴィッテンベルク、フランクフルト、アウグスブルクを経て、一五三七年にようやくナポリに達し、そこから半島を北上して、ヴェネツィアに到着したのはそのさらに一年後のことだった。「楽譜の出版と、それを一度で印刷する方法はヴェネツィアで商業化され、多くの実を結んだ。（中略）世俗音楽であれ、宗教音楽であれ、音楽教育の盛んな街において楽譜を読める人の数が増えるのは時間の問題だった[26]」。ヴェネツィア人は楽譜の印刷のための装置を考案して、印刷技術の発展にも貢献した。活字を並べた組版を収める木に、五線をまっすぐに印刷するための溝や切り込みが入っており、おそらく大きなピンのようなものを利用して線が曲がらないように工夫したものと考えられる。

したがって、環境は整っていた。「十六世紀前半には、有名な作曲家の作品を集める収集家が登場した[27]」。基本的に出版人は楽譜集の中身は記さなかったが、一五三〇年代の終わりごろから作曲者の名前を明示するようになり、やがて特定の作曲家の曲ばかりを集めた楽譜も出版される。ルネサンス期のイタリアに広がっていたアカデミーや文学者のサークルも重要な顧客だった。一五四三年に創立され、現在も存続している〈アカデミア・フィラルモニカ・ディ・ヴェローナ〉の図書館には、蔵書がほぼ当時のまま保管されている。中世の楽譜は二百三十冊もあり、そのほとんどは十六世紀の多声世俗歌曲《マドリガーレ》だ。そのころの貴族や中産階級の市民には、夕食後に楽器を弾いたり歌を歌ったりして過ごす習慣があり、そのために楽譜は日常的に使うものだった。そうして需要と供給が一致した結果、楽譜の出版は職人的な段階から一大ビジネスへと成長を遂げた。この時代には、楽譜出版の双璧である〈ガルダーノ〉と〈スコット〉がおよそ三十年のあいだに八百五十冊以上もの楽譜を出版した。「これは、ヨーロッパのすべての出版社から出版された楽譜の合計を上回る数字である[28]」。

ヴェネツィアに新たな楽譜の印刷法をもたらしたのは、フランス人のアントニオ・ガルダーノだった。だが、彼について説明する前に、双璧のもう片方の創始者であるオッタヴィアーノ・スコットを見てみよう。ガルダーノよりも早い時期に活躍したスコットは、ミラノ近郊のモンツァで生まれ、一四七〇年、ヴェネツィアのサン・サムエーレに最初の印刷所を設立する。現在はピノー財団の本部で、一流の絵画が展示されているパラッツォ・グラッシのある場所として有名な地区だ。スコットは楽譜以外の本も手がけ、革新者としても名をあげた。「彼は典礼書をはじめて四折判と八折判で印刷した。サイズが小さくなったことで、宗教書が手軽に入手できるようになっただけでなく、聖職者にとっても、聖書台に置かなければならない大きな二折判とちがって、持ち歩けるようになった」[29]。スコットはイタリア人として、はじめて典礼音楽に活字を用いて、各ページを二度印刷機に通す手法で楽譜を印刷した（一度目は赤のインクで五線、二度目は黒のインクで音符）。

　オッタヴィアーノ・スコットは一四九八年十二月二十四日に死去し、サン・フランチェスコ・デッラ・ヴィーニャ教会に埋葬された。墓石は現在も修道院の回廊の床に残されている（この修道院の図書館に世界初のコーランが保管されていた）。事業は息子のオッタヴィアーノ二世に引き継がれたが、ブームが到来したのは三十六年にわたって〈スコット〉を牽引したジローラモの時代だった。「一五三六年ごろから、生涯を閉じた七二年まで、出版人、書店主、植字工として活躍し、当時のほとんどの作曲家によるミサ曲やモテット（訳注：多声の宗教曲）からマドリガーレ、カンツォーネ、器楽曲まで、じつに四百冊以上もの楽譜を出版した。出版人としてのスコットの影響は、音楽のみならず、哲学、医学、宗教などの他分野にも及び、楽譜と同様に多数の本を生み出した」[30]。当時のヴェネツィアにおいて、ジローラモは言うなれば商売（彼の場合は書店）の利益を農業に投資する貴族のように社会に貢献した。スコット一族はヴェネツィア以外にも、パドヴァ、トレヴィーゾに土地を持っていたが、一六一五年、メルキオッレ・スコットの私生児であるバルディッセラの代で終焉を迎えた。バルディッセラは死後、サン・フランチェスコ・デッラ・ヴィーニャの一族の墓には埋葬されず、相続人の資格も持たなかったため、土地は競売にかけられた[31]。「百三十四年間の活動期間で、〈スコット〉社は千六百五十冊を超える本を出版したが、これはヴェネツィアの他の大手印刷所の出版点数に匹敵するか、あるいはそれ以上の数である。〈スコット〉はヴェネツィアのみならず、ルネサンス時代のヨーロッパを代表する出版社だった[32]」。

もうひとりの立役者、アントニオ・ガルダーノは、一五三八年にヴェネツィアで出版業を始める以前のことについてはほとんどわかっていない。フランス人で(名前はイタリア風に〝ガルダーノ〟としたが、一五五五年までは、すべての出版物に〝ガルダン〟の署名を入れていた[33])、正確な出身地は不明だが、エクス・アン・プロヴァンスの近郊にガルダンヌという名の小さな都市があるので、あるいは南仏地方かもしれない。だが、仮にフランスで印刷技術を習得したとすれば、パリかリヨンしかないだろう。可能性があるとすればリヨンで、ここでは一五三二年、二十二歳のときに初の作品であるミサ曲――楽譜集の一曲――が出版されている。ヴェネツィアに来たときの肩書きは、印刷者ではなく作曲家だった。実際、何度も「フランス音楽家」と呼ばれ、手紙では経営する音楽学校について触れている。生涯作曲を続けながらも、出版されたのは全作品の三分の一だった。リアルト地区のシミア(シンミア)通りに印刷所を開き(この通りは現存せず、十九世紀の解体で、より広い現在のマッツィーニ通りに姿を変えた)、最初に出版したのは楽譜ではなく、ピエトロ・アレティーノの秘書だったニコロ・フランコの書簡集『Pistole vulgari』

（俗語書簡）だった。一五三九年十月七日付のアレティーノがロドヴィーコ・ドルチェに宛てて書いた手紙を見るかぎり、この十六世紀の論客とかつての秘書との関係は悪化していた。フランコに対する侮蔑にあふれた手紙には、「私の手紙を書いたあの男色家は、生意気にもわが競争相手となったわけだが、あんな一冊も売れないような本を再版するために、フランス人のグラダナに借金をして大損をさせた」と記されている。[34] 実際にはアレティーノは誇張していただけで、ガルダーノが一五四二年に再版を出したことからもわかるように、『書簡』の売れ行きは悪くなかった。だが、この手紙からはそれ以外にもふたつの事実が読み取れる。この出版人がアルプスを越えてやってきたことと、当時は出版人と著者による共同出資が珍しくなかったということだ。

後者については、出版人のあいだでの利益の分配という形で多くの裏づけが残されている。一方で、楽譜を印刷するための特殊な設備がそろっていないイタリアの他の都市からは、印刷所と書店が共同でヴェネツィアの出版社に注文を出すケースも少なくなかった。フィレンツェのような大都市でさえ、楽譜専門の出版社が設立されたのは一五八〇年代に入ってからである。[35] あるいは、さらに複雑な場合もある。たとえば、一五一六年にローマ教皇庁の名で出版された楽譜は、オッタヴィアーノ・スコットが出版費用を調達して千八部の流通・販売を手がけ、アンドレア・アンティーコが歌詞の組版と木版の製作を担当し、アントニオ・ジュンタが印刷を行なった。もっとも、この場合ジュンタは共同出資者ではなく、その能力を見こまれて正規の料金で依頼されていた。[36] 一方、作曲家のほうも出版界が世間に与える影響を十分に心得ており、「それを利用するためにさまざまな試みを行ない、みずからの作品を迅速かつ正確に出版してくれる、信頼できる優秀な出版人を熱心に探し求めた。たとえば、エリセイ・ギベルはオッタヴィアーノ・スコットに対して自身のモテットの出版を感謝している[37]」。宗教音楽の重要性も忘れてはならない。例を挙げると、「サン・ジョルジオ・マッジョーレ修道院は一五六五年、楽譜五百部の代金として、ヴェネツィアの出版人ジローラモ・スコットに五百リラを支払っている[38]」。

アントニオ・ガルダーノに話を戻すと、彼は一五三八年に最初の楽譜である『二十五のフランス歌曲』を出版し、それ以降、音楽出版の活動に身を捧げている。同じ年、彼はヴェネツィアの有名な書店主ステファノ・ビンドーニの妹と結婚した[39]（完全な男性優位社会においては、史料には女性の父親や兄弟の名は記されているものの、肝心の本人の名前はない）。夫婦には六人の子どもが生まれた（うち四人は息子、娘がふたり）。その後、このフランスの出版人は印刷所をメルチェリエに移した。当時も現在と同じくヴェネツィアで最もにぎわいのある地区である。フラーリ教会の記録保管所で管理されている『Necrologi di sanità』（過去帳）によれば、アントニオ・ガルダーノは一五六九年十月二十八日に六十歳で死去した。墓碑は現在、サン・サルヴァドール教会の床に埋めこまれている（キプロス・アルメニア女王カテリーナ・コルナーロの墓碑も同じ場所にある）。ガルダーノは出版事業で十分に家族を養っていたようだ。遺言状にはミラーノとカンポサンピエロ（それぞれ現在のヴェネツィア県、パドヴァ県）に五十四カ所の土地と、パドヴァに家が一軒、そのほか当時のヴェネツィア人を夢中にさせた贅沢品——絨毯《じゅうたん》、燭台、鏡、極上の織物、紳士用のシャツ二十枚、クッション、食卓用リネンなど総額で千二百ドゥカート——が記されていた。参考までに、当時のサン・マルコ寺院の聖歌隊指揮者の年俸が二百ドゥカートだった。アレティーノの指摘どおり、一五三九～四〇年にかけてガルダーノが本当に破産の危機にあったとしたら、三十年のあいだに、もっぱら楽譜の出版だけで驚くほどの財産を築いたことになる。(40)

一五七五～七七年にかけて大流行したペストは（全人口の四分の一が死亡し、政府は流行の終焉を神に感謝して、アンドレア・パッラーディオにジュデッカ島にレデントーレ教会の建築を依頼した）ガルダーノに深刻な打撃を与え、七六年には十六冊の本を出したものの、翌年はわずか三冊にとどまっている（〈スコット〉は十六冊から五冊に減少）。一五七五～一六一一年にかけては、アンジェロ・ガルダーノが父から受け継いだ事業を拡大して八百十三冊の楽譜を出版した。彼は一六一一年八月六日、七十一歳で没している。その後は婿のバルトロメオ・マーニが〈マーニ〉社の名前で出版を続けたが、彼が一六八五年に死去すると、ガルダーノの遺産はこの世から消え去った。

当初、〈スコット〉と〈ガルダーノ〉がどのような関係にあったかは定かではないが、同時代のライバル同士によくあるように、鶏小屋の二羽の雄鶏のごとく、互いに海賊版まがいのものを出して険悪だったことは想像に難くない。だが、一五四一年にはすでに歩み寄り、その後、〈スコット〉と〈ガルダーノ〉はまったく同一ではないものの、似たような内容の出版物をしばしば刊行し、「競争と協力を両立する形で合意に達したように思われる(41)」。ある意味では大きな衝撃だった二社の協力関係は長らく続いた。

「音楽出版においては、利益は楽譜の印刷よりも流通によって生じる。商業的に成功をおさめた

〈スコット〉と〈ガルダーノ〉は、ヴェネツィア共和国の国境を越えて縦横無尽に張り巡らされた出版社、印刷所、書店のネットワークを利用することによって、効果的な流通システムを構築したと言えよう[42]」。このヴェネツィアの二大出版社はヨーロッパ全土に「代理人」、現在の用語で言えばエージェントを派遣して、本の販売と輸送の手配をさせた。このヨーロッパにおける書籍取引を基盤にした広大な流通網では、親密な関係がしばしば功を奏し、とりわけ小規模の出版社にとって、有力な代理人は多かれ少なかれ厳しい親といった存在であることが珍しくなかった。さらに、書籍の販売以外にも、〈スコット〉と〈ガルダーノ〉は小さな印刷所で出版された本の輸送で仲介業者的な役割を果たした。

このように楽譜は広く流通したが、その規模を把握するために詳しく説明する必要があるだろう。ヴェネツィアの人口を考えると、一冊の楽譜につき五百〜千部を売りさばくことができた。それだけで出版が成立する数字だが、街にはすでに当時からおおぜいの旅行者が訪れ、とりわけ聖地へ向かうために船に乗る巡礼者が立ち寄った。おそらくそのなかのひとりだろう、ドイツ人のマリア・プファッフェンベルクという女性は、自分の楽譜に誇らしげにこう記している。「一五七七年、ヴェネツィアにて。わが蔵書[43]」。ヴェネツィアの楽譜が最も流通していたのはナポリとシチリアだった。他のイタリアの都市には陸路から運ばれるのに対して、これらの場所には海路で容易に輸送することができた。その証拠に、ナポリやメッシーナ、パレルモの図書館には現在も〈スコット〉や〈ガルダーノ〉の楽譜が数多く保管されている。つまり、ヴェネツィアの出版社が「イタリアの音楽出版を支配していた」ということが言える[44]。そして、市場は中欧から北欧にまで及んだ。一五六五年のフランクフルト見本市の目録に楽譜の一覧が掲載されているが、それによると三十二冊がヴェネツィアの出版社で、ローマ、ルーヴァン、ヴィッテンベルクがそれぞれ一冊ずつとなっている。(45) 要するに、ほぼ独占状態だが、内容を見ると宗教音楽と世俗音楽が半々で、ヨーロッパ北部でも「小歌曲《カンツォネッタ》」、すなわち南ヨーロッパ発祥のマドリガーレが少なくともミサ曲と同程度に評価されていたことがわかる。

一五三〇年代までは、北部の市場に到達するための手段は海路が中心で、いわゆる「フランドルの隊商」がサウサンプトンに寄港してから最終目的地のフランドルまで運んでいた。「隊商」の名のとおり、数隻のガレー船が一定の航路（アレクサンドリア、シリア、ルーマニア、コンスタンティノープルなど）を通って荷物を運んでいたが、航路となる海に海賊が頻繁に出没するようになったために中止せざるをえなかった。その代替手段となったのが、コストはかかるが、ほぼ安全な陸路だった。本やそのほかの高級品は可能なかぎりアディジェ川やポー川をさかのぼり、そこからブレンナー峠、サン・ゴッタルド峠、グラン・サン・ベルナール峠といったアルプスの重要な通り道を運ばれていく。だが、こうした新たな陸路も、ヴェネツィアの書籍取引の中心地としての発展を妨げることはなかった。

第九章　体のケア――医学、美容術、美食学

確かな出版場所と日付が記された世界初の料理本、美容に関する初の印刷本、当時のあらゆる医師が医学の基礎を取得するための教科書。これらもまた、十五世紀末〜十六世紀初めにかけてのヴェネツィア出版界の輝かしい功績である。医学、美容術、美食学はすべて体をいたわることが目的で、現在でも依然としてすべてに優先させることもある（食事ひとつとってみてもわかるだろう）。当然のごとく、これらの効能は互いに交わる。病気の治療では薬草や薬を用いるが、食べ物のなかには稀に治癒力のあるものも存在する。そして髪を染めるのに――ヴェネツィアの貴婦人にとっては欠かせない行為だった――薬は必要ないものの、一部の疾患にも美容のためにも使える軟膏やクリームは確かにあった。

ビジネスとして考えると、長きにわたって確実に成功をおさめてきたのは医学書である。薬が発明されれば、それについての知識を習得して、その後はつねに最新の情報を得るためにテキストが必要となる。したがって、ヴェネツィアの出版人たちが、金のなる木を期待してこの分野に身を投じたのも驚くことではない。すでにインキュナブラの時代から医学書は数多く出版されていたが、十六世紀になると、その数はさらに増えて、少しずつ専門化されるようになった。当初

は古代の写本や中世の高名な師範による著書が出版されていたが、やがて当代の医師の手で編集された専門書が生まれた。

ルネサンス時代のヴェネツィアにおける医学書の出版について理解するには、医学の父ヒポクラテスにまで遡る必要がある。彼の『ヒポクラテス集典』——古代ギリシャの七十あまりの医学文書の集典（おそらく全部が本人のものではない）——は何世紀にもわたって写本が出回っていたが、一五二六年にマヌーツィオとアンドレア・トッレザーニの遺した印刷所でギリシャ語版が出版された（その前年には、ガレノスの医学書もギリシャ語で出版されている）。『ヒポクラテス集典』はすでに一五二五年にローマでラテン語版が出版されており、それ以前にも三冊の抄本が出ていた（ヴェネツィアでは一五〇八年）。

こうした古代の著者と並んで、印刷者たちは中世やアラブの医学の大家にも大きな関心を寄せていた。たとえば、ブルーノ・ダ・ロンゴブッコ（ロンゴブルゴ）による『La cyrogia del maistro Bruno』（ブルーノ師の外科術）は、一四九八年の出版直後から話題となり、一五四九年までに五刷に達している。ブルーノ・ダ・ロンゴブッコは十三世紀初頭にカラブリアの同名の地で生まれた。これについては、彼がみずからの代表作、中世の医師に広く読まれた『Chirurgia magna』（大外科術）の最後で明らかにしている。この本は一二五三年一月にパドヴァで書きあげられた。ロンゴブッコはパドヴァ大学で教鞭をとりつつ、大作を要約した『Chirurgia parva』（小外科術）の準備も進めていた。『大外科術』はイタリア語、フランス語、ドイツ語に翻訳され、ヘブライ語版も二種類が出版された（一冊はヴェローナのユダヤ人ヒレル・ベン・サムエル、もう一冊はスペイン系ユダヤ人のヤコブ・ベン・イェフダーによって翻訳された)。これはまさに医学の学習の手引書と言うべき本で、ロンゴブッコによれば「古代と、とりわけアラブの外科術から学んだだけでなく(中略)実際の経験に基づいて新たに習得した手術や外科の技術について説明している[1]」。カトリックの国の医師が人間の去勢の問題に向きあったのも、これが最初だった。

もうひとり忘れてはならないのが、グリエルモ・ダ・サリチェートだ。彼は外科に関する著作で、ベルガモとパヴィアで瀕死の重傷を負ったふたりの兵士が完治するまでの経過を説明している。この高名な医師の書は、いわゆるベストセラーとなった。彼は一二一〇年ごろにピアチェンツァのサリチェート・ディ・カデオで生まれ、ボローニャで教師を務めたのち各地を転々としたが、一二七五年にはヴェローナ市から医師として給与を受け取っている。これが判明したのは、彼がまさに同じ年にヴェネトの街で『Chirurgia』(外科術)を書きあげたからだ。この本はヴェネツィアで一四七四年にはじめて俗語で出版され、その二年後にピアチェンツァでラテン語版も刊行されている。これをきっかけに、「医学は単なる機械的な技術ではなく、科学と同じく理論と実践の融合と見なされるようになった[2]」。

一二八〇〜一三〇〇年ごろに生まれたとされるフランス人医師のギー・ド・ショーリアックは、一三四八年のペストの大流行で自身も病に苦しみ、回復後にペストの症状を記録して、はじめて腺ペストと肺ペストを区別したことで知られる。十三世紀の最も偉大な医師としてブルーノ・ダ・ロンゴブッコを尊敬し、グリエルモ・ダ・サリチェートの臨床医学を受け継いだ。イタリアではグイド・カウリアコとして知られるショーリアックの『De cirogia』(外科術について)は、一四九三年にイタリア語版がヴェネツィアで出版されるや否や、参考書としてたちまち版を重ねた。彼の弟子でボローニャ出身のピエトロ・アルジェッラータは、「優秀な外科医で、ヘルニア、結石、頭骨や骨の（切除）手術を得意とし[3]」、著書『Cirurgia』では潰瘍、頭骨骨折、ヘルニア、外傷、いぼについて取りあげ、骨髄は骨を強くする働きがあるため骨折を防ぐと主張した。この本はまたたく間に広まり、一四八〇年に初版が出版されたヴェネツィアでは九七年に重版された。

中世の医学書では、はじめての図説本、いわゆる『Fasciculus Medicinae』（医学小冊子）も注目に値する。一四九四年二月（当時のヴェネツィアでは新年が三月一日からだったため一四九三年）に出版されたこの本は、六つの異なる医学論文を集めて、一四九一年にドイツで一冊にまとめられた。ドイツ人医師ヨハネス・デ・ケタムの名を冠してはいるが、彼はただ論文を収集したにすぎない。ヴェネツィアで出版された版は俗語に翻訳され、全ページに美しい挿絵が印刷されているが、こんにちでは医師というより精肉屋の主人が持つような道具で死体の解剖に臨んでいる図は、見ていてあまり気持ちのよいものではない。いずれにしても、これらの解剖図はヨーロッパ中の医学出版に大きな影響を与え、十八世紀なかばまで、あらゆる医学書の図は多かれ少なかれケタムの書を手本としたほどだった。近代解剖学の父、アンドレアス・ヴェサリウス（オランダ語ではアンドレアス・ファン・ヴェサル）はパドヴァ大学で教鞭をとるかたわら、一五四三年にバーゼルで有名な『人体の構造』を出版した。ヴェネツィアでは、その五年前の一五三八年に、彼がみずから描いた死体の詳細なデッサンを再現して六枚の解剖図が出版されている。

十五世紀末には、ヴェネツィアの印刷者たちは多くのアラブの著者にも熱い視線を向けていた。

一四七九年には、すでにユハンナ・ビン・セラピオン（セラピオーネ・イル・ジョーヴァネ）の『Breviarum medicinae』（医学概論）が出版され、一四九二年にはアリ・ベン・アッバスの書も翻訳されている。アブ＝バクル・ムハマンド・イブン・ザカリヤ・アル＝ラジの『Hystoria d'Almansore philosopho』（哲学者アルマンソーレの歴史）はマンスールのスルタンに献呈され、医学の歴史で重要なだけでなく、ヴェネツィアの医師アルチバルド（通称チバルド）によって翻訳された点で注目に値する。彼の翻訳書は「グランデ・チバルド」と呼ばれ、それが「チバルドーネ（Cibaldone）」となり、のちに十九世紀の随筆家ジャコモ・レオパルディのおかげで〝zibaldone〟（「寄せ集め・雑録」の意）という言葉が登場した。助言、処方、医師としての規律などさまざまなものが集められたこの本に由来して、当時は雑多な材料でつくる料理を「ジバルドーネ」と呼ぶこともあった。

医学の発展という点では、たしかにヴェネツィアは中心地ではなかったものの（先端を行っていたのはボローニャやパドヴァ）、けっして医学とは無縁でもなかった。というのも、海軍国のヴェネツィアでは軍医の需要が多く、また政府の外交団に医師が同行して海外で診療を行なうケースも少なくなかったからだ。たとえば、パドヴァ大学医学部教授のジュリオ・ドリオーニは、アレッポのヴェネツィア領事館の近くで伝染病の治療を行なっている最中に命を落とした。あるいは、ヴェネト州マロスティカのコルネリオ・ビアンキは、長らくシリアのヴェネツィア領事館で診療を行なっていたが、一五四二～四三年の二年間はダマスカスに滞在し、七六年にはヴェネツィアでペスト患者を治療したことで有名になった。[4]

一方で、最新の医学書も出版されはじめる。アレッサンドロ・ベネデッティはパドヴァで解剖学の学校を設立し、組み立て式の木の解剖台を中央に置いて、それまでにない円形競技場のような教室をつくった。彼は実習では死体のみを用い、当時しばしば行なわれていた死刑囚の生体解剖を拒んだことで知られる。

ベネデッティはパドヴァ大学を卒業後、十五年ほどクレタ島やペロポンネソス半島のメソニー、すなわちヴェネツィア共和国の領土で暮らしていたが、その後は故郷に戻って臨床や解剖学を教えた。ヴェネツィア、ミラノ、マントヴァの連合軍がフォルノーヴォでフランスのシャルル八世と戦った際には（一四九五年七月六日）軍医長を務め、その報告書は『Diaria de bello carolino』（シャルルの戦争の日誌）というタイトルで一四九六年にアルド・マヌーツィオによって出版されている。戦争が終わるとベネデッティはパドヴァで講義を再開し、その後ダルマチアのザダルへ移り、一五一二年十月三十一日にヴェネツィアで生涯を閉じた。彼の科学における功績は「解剖学の研究に対する新たな関心を呼び起こしたことである。（中略）彼の人間の体の構造に関する講義は、毎回おおぜいの受講生であふれかえり[5]」、神聖ローマ皇帝マクシミリアン一世も受講したほどだった。解剖学において重要な彼の『人体の歴史』は一四九三年にヴェネツィアで出版され、その後もパリ（一五一四年）、ケルン（一五二七年）をはじめ、他の作品と抱き合わせでタイトルも変更されるなどして、各地でさまざまな版が出版された。

ヴェローナ出身の人文主義者の医師ジローラモ・フラカストロは、ピエトロ・ベンボ、アンドレア・ナヴァージェロ、アルド・マヌーツィオなど、同時代のほとんどの著名人と交流があった。彼は一四七六～七八年のあいだに生まれ、パドヴァ大学を卒業後、一五四五年にトレント公会議の医師に任命されて最高の栄誉に浴する。やがて、点状出血を伴う伝染病の流行で、バルドゥイノ・デ・バルドゥイーニとともに報告書を作成したことがきっかけで、ボローニャへ移住した。最初の著書『梅毒あるいはフランス病』は、ヴェネツィアで本人の知らないうちに海賊版が出版されたが、その後、一五三〇年にヴェローナで正式な出版に至る。この本で、シャルル八世の兵士によってもたらされた病気が「梅毒」と命名され、この名前は現代でも使われている。『Opera omnia』(全集)は彼の死後、一五五五年にヴェネツィアの〈ジュンタ〉社から刊行された。ガブリエーレ・ファッロッピオ(ファッロッピア)はルネサンス期の医師で、卵巣と子宮をつなぐ卵管を命名したことで知られる。モデナ出身の彼は解剖学を専門とし、ペストと梅毒について勉強して、メディチ家のコジモ一世にピサ大学へ招聘され、毒物を用いた実験を行なった(死刑囚に麻酔薬を投与して生体解剖を行なったとして告訴されている)。そして一五五一年、二十八歳でパドヴァへ移り、一五六二年十月に死去するまで生涯を過ごした。彼の著書は、弟子の記録を利用して一五六三年にヴェネツィア(潰瘍と腫瘍について)、パドヴァ(梅毒について)で出版されている。

近代スポーツ医学と理学療法の父と呼ばれているのは、ジローラモ・メルクリアーレである。彼の『体操書』は一五六九年に〈ジュンタ〉社から出版された。メルクリアーレは一五三〇年、エミリア=ロマーニャ州のフォルリに生まれ、パドヴァ大学の教授として医学の世界に名を轟かせた。一五七三年には、皇帝マクシミリアン二世の治療のためにウィーンへ呼ばれている。一五七六年、彼はヴェネツィア議会に召喚されたが、ヴェネツィアの医師たちと対立し、流行している病気は腺ペストだとする彼らの主張を認めなかった。結局はメルクリアーレの誤診で、全人口の三分の一に当たる五万人以上の命が失われる結果となったが、解任されることはなく、逆にその後は功績が認められて高給を受け取るようになる。彼のペストに関する講義は弟子によってまとめられ、出版された（彼の著書のほとんどは教え子が出版した講義内容を集めた全集である）。それ以外にも、メルクリアーレは小児医学（初の授乳の専門書を出版）、皮膚科（はじめて皮膚病を分類した本を執筆）、毒物学（毒について当時の第一人者となる）などを手がけたが、とりわけ『体操書』は「最も有名で、最も独創性にあふれた書で、ローマの博物館や図書館で七年かけて勉強・研究を行なった成果である。これは古代と近代の体操を関連づけた初のスポーツ医学書であり、メルクリアーレはまさに先駆者としての役割を果たした。体操を歴史的、医学的、衛生的に分析した画期的な著書と言えよう[6]」。メルクリアーレは一六〇六年、故郷のフォルリで生涯を閉じた。

十六世紀に軍医として名を馳せたのが、ヴェネツィア出身のジョヴァンニ・アンドレア・デッラ・クローチェである。一五一五年（一五〇九年という説もあり）に生まれたときから、彼の運命は定められていた。祖父はパルマの外科医で、父は理髪師（当時は医学の分野に含まれていた）。デッラ・クローチェがパドヴァ大学を卒業したかどうかは不明だが、ヴェネツィアの外科医師会に入るために繰り返し試験を受けたのは確かだ。ヴェネト州フェルトレに派遣されるも、八年後にはヴェネツィアに戻って船医に任じられる。もっぱら軍艦に乗船していたおかげで、腹部の銃創の治療が専門となり、一五六〇年にこのテーマに関して初の著書を執筆した。これは一五七三年にラテン語で出版された代表作の中に収められ、その翌年には『Chirurgia universale e perfetta』

（普遍的にして完璧な外科術）というタイトルで俗語版も出された（一五七一年にはレパントの海戦があり、戦いにおける医療に対する関心が最も高まっていた時期だった）。ラテン語版は二刷、俗語版は三刷まで出版されている。このヴェネツィアの軍医の名声はアルプスを越え、著書はさまざまな国の言語に翻訳された。一五七五年、おそらくペストのためヴェネツィアで没する。

　初の本格的な近代薬理学の書は、ピエトロ・アンドレア・マッティオリーニという医師の手で生まれた。一五〇一年にシエナで生まれた彼は、古代ギリシャのペダニウス・ディオスコリデスの著書をまとめて翻訳した。ディオスコリデスはキリキア出身で、紀元六〇年ごろに活躍し、ダンテの『地獄篇』で辺獄に霊魂が収容されていることからも、古代で最も重要な人物だったと言えよう（「また〔我〕〔植物の〕特性の良き収集家を見き／即ちディオスコリデスを言う、またオルフエオ／トゥリオと道徳家セネカを見き」〔上杉昭夫訳〕）。彼の全五巻から成る著書は、古代の薬草による治療法を検証したもので、八百二十七章に六百二十五種類の植物、八十五種類の動物、五十種類の鉱物が解説されている。最初に印刷されたのは、一四九九年のアルド・マヌーツィオによるギリシャ語版だった。だが、この本を真の薬学の礎として現代に伝えたのはマッティオリーニである。ゴリツィアで暮らしていた十三年のあいだに、彼はすべてを翻訳したうえで、みずからの広範な薬学の知識を残らず書き加えた。そして、その翻訳・補完版の印刷特認権をヴェネツィア議会に申請し、一五四四年、ニコロ・デ・バスカリーニによってヴェネツィアで出版された。十三刷、合計でおよそ三万二千部に達したこの本は、間違いなく十六世紀を代表するベストセラーと言える[7]。このシエナの医師は、一五二七年のローマ略奪でトレンティーノに逃れ、その後ゴリツィアへ移った。ディオスコリデスの初版は挿絵がなかったが、第三版（一五五〇年）以降に加えられ、十一刷では大きな美しい木版画となった。また、ラテン語以外にもフランス語、チェコ語、ドイツ語にも翻訳され、さらには海賊版も出まわったが、これらはしばしば誤植だらけだった。「この本は十六世紀で最も名高い薬草の書で、（中略）はじめて目にする多くの植物の薬効を解説しているが、そのほとんどは東方諸国、アメリカ大陸からもたらされたもので、なかにはノン渓谷やバルド山でマッティオリーニがみずから採取したものも含まれていた」(8)。ちなみにヴァル・ディ・ノンは現トレント県、モンテ・バルドはヴェローナ県にある。もっとも、現代の薬学の基礎となる書でも、思わず眉をひそめる内容もある。たとえば、まつ毛が伸びないようにするには、乾燥させて細かく刻んだ日光貝をシトロンのリキュールに漬けたものを用いる。あるいは、さしこみや水ぶくれの痛みには、火であぶったカタツムリの殻を細かく砕いてワインと没薬に混ぜる。ヘビに噛まれたときには、乾燥させて細かく刻んだカバの睾丸。子どものよだれを止めるには、家ネズミを焼いて粉にして、粥に加える。茹でたナマズはすぐれた浣腸剤だけでなく座骨神経痛の特効薬でもある……いずれにしても、この本の出版によってマッティオリーニの名声は広まり、ハプスブルク家のフェルディナンド一世が第二子の専属医としてプラハの宮廷に呼び寄せたほどだった。もっとも、この皇帝の王子がモルダウ川にたくさんいるナマズの浣腸剤を試したかどうかは定かではないが。

現在でも薬学や美容術は根強く支持されているが、こうした流行が端を発した十六世紀はこんにちの比ではなかった。ヴェネツィアは美容関連の出版が盛んだっただけでなく、美容術そのものの中心地でもあった。おしろい《チプリア》を「キプロス島（チプロ）の粉」と名づけたのはエウスタキオ・チェレブリーノで、一五二五年に出版された彼の書は十六世紀で最も注目すべき美容読本だった（キプロス島は一五七一年までヴェネツィア領）。こんにち、「強烈な太陽光線」で髪を明るい色にする女性たちは、おそらくそれがルネサンス時代のヴェネツィアで始まった習慣だということを知らないだろう。十六世紀の女性にとっては、赤みを帯びた金髪がいわば身だしなみだった。当時のヨーロッパでは最も魅力的な色とされ、ティツィアーノ・ヴェチェッリオがこの色の髪の女性を描いたことから「ティツィアーノの金髪」とも呼ばれた。ヴェネツィア良家の令嬢は、この髪を手に入れるために、夏になると何時間も屋上テラス（洗濯物を乾かすために屋根の上に設えた木の台座）で過ごした。身につけていたのは薄い白のチュニック一枚で、頭の部分に穴のあいた帽子（いわゆる「ソラーナ」）をかぶり、手に持った小さいスポンジで日光で乾く髪をたえず濡らした。このスポンジには、最初は脱色効果のあるカモミール入りの水が含まれていたが、やがて美容の本によって――効果のほどは不明だが――さまざまなものを混ぜた水が流行りはじめる。前述のチェレブリーノは「理想の金髪のための水」をすすめ、一五六二年にはジョヴァンニ・マリネッロが考案したレシピ――「澄んだ水にブドウの樹の灰と大麦の藁を入れて沸騰させる」――も登場する。そうしたものに、各自でカンゾウの茎の粉やシトロンの木を加え、十六世紀が終わるころには、さながら素人の魔術師のごとく、ハトの糞やカメの血、茹でたハエといったおよそありえない材料を使って悪臭漂う液体をつくるまでになっていた[9]（この茹でたハエは、一世紀半後にジャコモ・カサノヴァが――乾燥させ、粉にして――媚薬として使った）。

エウスタキオ・チェレブリーノについては、ほとんどわかっていない。かろうじて著書から推測すると、おそらく十五世紀末にウーディネで生まれ、ペルージャへ移り、地元の印刷者のために木版画を制作していたようだ。一五二三年にはヴェネツィアで書道の手引書に挿図を入れる仕事に携わり、一五二五年に「書道のためのブックレット」を書いて出版した[10]。彼が手がけたのは「健康、礼儀作法、外国語など、明らかに世間の関心を引きつける売れ筋の本ばかりだった[11]」。そして、トルコ語会話の入門書や食卓の準備のための本に続いて、書道の小冊子と同じ一五二五年におそらく史上初の美容本を出版する。それが『Opera nova piacevole la quale insegna di fare varie compositioni odorifere per adornar ciascuna donna』（どんな女性も魅力的になれる、様々な香りのつくり方に関する快い新著）である（現在、トレントのロヴェレート市立図書館に一冊だけ保管されている）。この本は、「フランス病（梅毒）」や「切り傷や陣痛」の治療法まで載せているほか、「〝美しい顔を保つ〟、〝手をなめらかにする〟、〝肌を保護する〟、〝顔色をよく見せる〟など、さまざまな効果をうたったクリーム、頬紅、化粧水のつくり方なども紹介している。興味深いのは（中略）当時の美容法が現在とまったく変わらない点だ[12]」。そのほかにも顔の染みを薄くする、日焼けを鎮める、しわを取る、歯を白くして歯茎を丈夫にする、口臭を防ぐ、髪を増やして白髪を減らす、脱毛する、若者が大人っぽく見せるためにひげを生やすといった方法が記されている。「外陰部を休める方法」などというものもあるが、これはおそらく生活の手段である体の部分を回復させる必要のある娼婦に向けたものだろう。

いずれにしても、美容術は女性のためだけの特権ではなかった。「女性のように髪を縮れさせた厚顔なガニュメデス（訳注：ギリシャ神話に登場する美少年と名高いトロイの王子）どもが、装い飾った姿で、すべすべした頬にさまざまな香りを漂わせながらマルハナバチを集めていた」との描写があるのは、一五三五年にヴェネツィアで出版されたトンマーゾ・ガルツォーニの『職業事典』で、当時からすでに女装趣味の第三の性が存在したことを示している。

ヴィチェンツァからヴェネツィアへ移住した一家に生まれたジョヴァンヴェントゥーラ・ロセッティは、一五四〇年に織物の染色工向けに初の化学書を出版した。当時のヴェネツィアでは染色が盛んで、ヴェネツィアの赤い生地がヨーロッパやレバント地方で広く珍重されていたことを考えると、きわめて対価の大きい職業だった。だが、出版界で大きな成功をおさめたのは『Notandissimi secreti de l'arte profumatoria』（芳香術の極意）だった。一五五五年の初版を皮切りに三度増刷され、最後の版は一六七八年にヴェネツィアで出版されている。このことからも、当時の女性たちのあいだでは、ロセッティの方法を参考に化粧をしたり、香水をつけたりすることが大流行していた様子がわかる。

すでに名前を挙げたマリネッロは、一五六二年に三百十九ページから成る美容本の大作『Gli ornamenti delle donne』（女性の美容について）を出版した。手を清潔に保つ石鹸の作り方や、目の充血の対処法といったものだけでなく、口紅にそっくりの「唇を鮮やかな紅色にするオイル」や、「フケを防ぐ秘訣」など、あたかもこんにちのコマーシャルさながらの宣伝文句が並んでいる。

ルネサンス時代のヴェネツィアでは、医療や美容術以外にも、口から飲みこむものを栄養と娯楽の観点から解説した本も多く見られた。ヴェネツィアほど美食学《ガストロノミー》に関する本があふれていた街はあるまい。

「十六世紀のイタリアでは、ヨーロッパのほかのどの国とも異なる独自の食事作法に関する本が出版され、それは数世紀に及んだ。給仕や祝宴の準備なども含むこれらの本は、いわば宮廷社会で構築された「教育法」の技術版で、模範的な人間を育てあげることを目的としている。典型的なのがバルダッサーレ・カスティリオーネの『宮廷人』（一五二八年）で、この本はヨーロッパ貴族の必読書として、十六世紀のイタリア国内だけでも三十八種類の版が出まわっていた」[13]。

ここで、この作品について少し詳しく見てみよう。この初版はマヌーツィオとアンドレア・トッレザーニの設立した印刷所から出版されている。内容は対話形式になっており、さまざまな登場人物（ピエトロ・ベンボもそのひとり）がウルビーノ公の宮廷を舞台に、理想的な貴族の備えるべき要件について話しあう。高貴な血筋、活力、武器の扱いや音楽、詩にすぐれ、会話がうまく、絵画や彫刻をたしなむ。「泳いだり、飛び跳ねたり、走ったり、石を投げたりできれば、なおよく」、声は「明瞭でよく響き、やわらかで落ち着いているべきだ」とカスティリオーネは書いている。そして、宮廷人は「いかなるときも慎重で、思慮深い言動が望まれる」。すなわち、すべからく優雅で洗練された物腰が求められ、この定義は宮廷の婦人にも当てはまった。

反響は絶大で、おそらくルネサンス時代に最も読まれた本と言っても過言ではあるまい。その証拠に六カ国語に翻訳され、ヨーロッパの二十の都市で出版されている。一五三七年のフランス語版はフランソワ一世がみずから読んで、これを宮廷における規範とするよう命じた。一五六一年に出版された英語版はトーマス・ホビー卿が監修し、ロンドンの宮廷にも少なからぬ影響を与えた。

美食学に話を戻すと、当時は奇妙なことに政治体制に応じて、つまり共和国と君主国で美食学は真っぷたつに分割されていた。君主が食するものを公表することで、彼が民衆からはかけ離れた存在であることを強調し、権力を正当化できた。また、司教の食卓がどのような悦楽で満たされているかを知らせることにもそれなりの効用があった。当時は、「ほとんどの宗教的な使命は過剰な胃液によって活力を与えられる時代だった」のだ[14]。これに対して、商人らを中心とする寡頭制の場合はまったく逆だ。この体制の都市政府にとっては「権力の維持のために、細民（ポポロ・ミヌート）の信頼を得ることが根本的に重要であり、きわめて出費の多い習慣を誇示すれば、マイナス効果となる可能性があった[15]」。こうした考えは、ヴェネツィアでは美食学の本が数多く出版されている反面、街特有のものは一冊もないという事実によって裏づけられる。この状態は十九世紀初めまで続き、「偶然だと考えるにはあまりにも長かった。支配階級の生活様式を宣伝するのはよくないことだったので、禁止する法令などないのに、まったく出版されなかったのだ[16]」。

フランス革命の時代までは、庶民の食卓についてはほとんど知られておらず、わずかにわかっていることについては、美食学の本ではなく文学作品から手がかりを得られる。たとえば、ジョヴァンニ・ボッカチオの描写によれば、民衆は病死した動物を食べ、酸っぱくなったワインを飲み、カルロ・ゴルドーニの『Donna di garbo』（賢い女）では、ロザウラがアルレッキーノにポレンタのレシピを教えている（「まずは水のいっぱい入った大釜を火にかけて、沸いてきたら材料を入れる。黄色い小麦粉と呼ばれる極上の粉。そして、少しずつ釜の中で溶かしていくの。あなたのような賢い人なら、円や線を描くといいわ。中身が固まってきたら、火から下ろして、ふたりで協力して、おのおのスプーンで釜から皿に移すのよ。そうしたら、新鮮で黄色いなめらかなバターをたっぷりのせて、その上から同じようにこくのある黄色いチーズをすり下ろしてできあがり」）。いずれにしても、「庶民にとっての問題は、食材を調理することではなく、食材を手に入れることだった[17]」。

料理は富裕層のためのものであり、ルネサンス期の美食学は、中央ヨーロッパの宮廷のレシピや貴族の料理に影響を与えた一種の〝聖書〟に基づいている。それがバルトロメオ・サッキ（またの名をプラーティナ）の『高貴な喜びと健康について』である。これは最初に一四七三〜七五年ごろにローマで出版されたが、出版社も日付も記されていない海賊版だった。正式な版は一四七五年十二月十五日にヴェネツィアで刊行されている。「プラーティナの書はイタリア語のみならず、ドイツ語とフランス語にも翻訳されたため、ルネサンス初期のヨーロッパの料理史に大きな影響を与えた[18]」。

料理本としては、はじめて印刷されて普及したこのきわめて重要な作品は、十五世紀後半の美食の知識の集大成とも言える。食餌療法、栄養学、食物摂取の倫理、そして食卓での作法とも緊密に結びついた料理法に関する評論は、一般書はもちろんのこと、十六世紀の料理にまつわる文学（ほとんどがイタリア語）にも影響を与えている[19]。いずれにしても、『高貴な喜びと健康について』で紹介されている料理は、プラーティナが考えたレシピではなく、一四六五年までアクイレーイアの総大司教のお抱え料理人を務めた名匠マルティーノ・ダ・コモのみごとな写本から複写したものである。いわば盗用であるが——プラーティナは出典を明記していない——これが明らかになったのは比較的最近のことで、ワシントンのアメリカ議会図書館に保管されているマルティーノの写本から判明した。

食卓では食べるだけでなく、飲む。それは一五三五年のヴェネツィアでも同様で、この年、オッタヴィアーノ・スコットによって初のワイン醸造学に関する本が出版された。ジョヴァンニ・バッティスタ・コンファロニエーリの『De vini natura disputatio』(ワインの特性に関する論考)では、ワインの特徴の分析を試みて、さまざまな分類が記されている。

一方、料理本がさらに進化して宴会の作法に関する本も登場する。当時の本で最も有名なのは、クリストフォロ・ダ・メッシスブーゴの『宴会、料理の構成と食器、小道具一般について』であろう。この本は一五四九年にフェッラーラで初版が刊行されたのち、一五六四〜一六二一年にかけてヴェネツィアで第九版まで印刷されている。フェッラーラのエステ家にスカルコ(厨房の責任者)として仕えたメッシスブーゴは、有能な宴会の演出家であり、宮廷で必要なものはすべて心得ていた。その著書では、三百十五のレシピのほかに、ルネサンス時代に外交的な調和とバランスを目的に絶え間なく催された絢爛豪華な祝宴の特徴が記されている。料理、音楽、踊り、劇、会話、意表をつく仕掛け。すべてが洗練されたもてなしの流儀で入念に演出される[20]。実際、メッシスブーゴの掲載したメニューを見れば、郊外での宴会がどのようなものだったかがわかる——山鶉五十六羽、牡蠣三百個、大小の孔雀二十五羽、ツグミ八十羽、キジバト八十羽……といった具合だ。

スカルコというのは、現在の言葉で表わせば、シェフから給仕長まで幅広い役割をこなす人物を指す。君主や貴族の料理を管理するのもスカルコの仕事だ。料理人や召使の雇用と采配、主人の毎日の食卓の準備、主人に対する気配り、食糧の補給、事細かな宴会の手配など、じつにさまざまな役目を果たす。単なる使用人ではなく、通常は高貴な生まれの者がこの地位に就き、まれに料理の腕前を有することもある。ただし、料理人とは異なって洗練された服に身を包み、あごひげや口ひげを生やしてかつらをつけることも許されていた[21]。

ドメニコ・ロモリ（パヌント）もやはりスカルコで、ヴェネツィアで一五六〇年に出版された著書『La singolare dottrina』（風変わりな教え）では、メイン料理や宴会の準備だけでなく、健康に役立つ食べ物についても記している。そしてバルトロメオ・スカッピは、料理本を残した数多のスカルコや切り分け人のなかで、ただひとりの料理人であり、彼の著書は「ルネサンス時代の美食術の集大成」と評されている[22]。「教皇ピウス五世の秘密の料理人」と呼ばれたスカッピは、『料理術』という本を出版し、そのなかで「料理人として仕えた教皇庁での経験を総括して、レシピ、季節ごとのメニュー、病人のための食事のほか、厨房の環境（有名な絵画がずらりと飾られていた）についても述べている[23]」。

そのほか、ルネサンス時代の料理に関わっていたのは前述の切り分け人である。その役目は、食卓についた人々の皿にメイン料理を切り分けることだ。こんにちのベテランの給仕でも足元に及ばないほど、その動作はまさに芸術的で、あるときはバレエのごとく、またあるときは曲芸のごとく、優雅さと力強さが一体となっていた。「会食者の目の前で料理を切り分ける瞬間は、食事のメインイベントであり、切り分け人にとってはその腕前を披露する機会である。（中略）切り分けは〝空中〟で行なわれる。すなわち、フォークに刺された料理がそのまま皿に載せられるのだ。（中略）そのためには熟練した腕が求められ（中略）日々の修行を何年間も続けて、はじめて習得できる技である」[24]。ヴィンチェンツォ・チェルヴィオの『切り分け人』（一五八一年）は、いわばこの腕を磨くための手引書で、切り分けを給仕というよりは儀式ととらえている。ルネサンス時代において、宴会の出席者の胃袋を満たすのは最初のふた皿で、それ以降の料理、とりわけロースト は見世物的な要素を持っていた。ローストした肉はひととおり披露してから切り分け人の手に渡るため、食卓に出されるころにはすっかり冷めきっている。出席者たちは、切り分け人の離れ業をさんざん楽しんだあとに、申し訳程度に料理に手をつけた。

実際の食べ物に触れている美食学の本以外にも、マナ（訳注：ユダヤ人が天から授かった食べ物）のように架空の食べ物を取りあげた作品もある。ナポレオン時代の医師で哲学者のドナート・アントニオ・アルトマーレは、一五六二年に『マナについて』を出版し、全四十六ページで聖書に登場する食べ物を解説している。

ヴェネツィア共和国はたえず世界の動向に目を光らせており、印刷者のランパゼットが一五六五年にカカオの木とチョコレートの作り方に関する本を出版したのも、ほかならぬこの街だった。ミラノ出身のジローラモ・ベンツォーニ[25]が書いた『新世界の歴史』は、はじめてチョコレートについて説明した本だが、明らかに時代を先取りしていた。アメリカから輸入されたカカオの実が流行の飲み物になるのは、その一世紀後のことである。またしても著者と印刷者は先見の明を持っていたと言えよう。

第十章　ピエトロ・アレティーノと作家の誕生

天才、ポルノ作家、性倒錯者、優雅な知識人——ピエトロ・アレティーノを形容する言葉には事欠かない。そして、そのすべてが当てはまる。歴史上はじめてポルノ文学と定義できる本を出版したのも彼なら、ファンの読者に取り囲まれる人気作家という地位をつくりあげたのも彼だ。「王侯にとっての厄介者」と形容されたアレティーノは、ほかの同時代の書き手のように媚びへつらうことはなく、論争を厭《いと》わず、啓蒙や教育のために文章を書くこともなかった。誰が言ったかはわからないが、彼はペンを持った戦士であり(1)、その意味で驚くほど近代的な作家である。

ヴェネツィアに住んでいるあいだに、アレティーノは、いわば街に同化することで知名度を得て、わざわざ彼を見にくる観光客も絶えなかった。もしヴェネツィア以外の場所にいたら、彼がこれほど有名になることはなかっただろう。「ヴェネツィアの〝自由〟という腐葉土がなかったら、文学者として大きな成長を遂げられなかったにちがいない(2)」。そしてアレティーノは、観光客を増やすことで街に恩返しをした。一五二七年に暮らしはじめてから、およそ二十年間、街の看板としての役割を果たしたわけだ。彼は一五五六年に死去し、サン・ルーカ教会に埋葬された。この教会は現在もあるが、彼の墓は跡形もなくなっている。彼は当時のほとんどの著名人と交流があった。彼の肖像画を描いたティツィアーノ（絵はフィレンツェのピッティ宮に保管されている）、同じく画家のセバスティアーノ・デル・ピオンボ、建築家のサンソヴィーノ、さらには神聖ローマ皇帝カール五世の名も挙げられる。

ところが、時代を経るにつれてアレティーノの名声は薄れていく。『色情ソネット集』を書いた人物（「我を抱きたまえ、すぐさま抱きたまえ／誰もが交わるためにこの世に生まれたのだから／汝のものが立派であれば、たちまち心を奪われる」）は、十九世紀末の狂信者や道徳主義者であふれかえった時代では、屋根裏部屋へ追いやられるほかはなく、実際、そうした状態だった。アレティーノの名を進んで口にする者はなく、こんにちでも彼の文学的な功績はほとんど忘れ去られ、イタリアの文化史における重要人物として評価されることもない。

一四九二年にアレッツォで生まれたアレティーノは、ローマ、マントヴァ、ふたたびローマ、そしてふたたびマントヴァと渡り歩いた。詩人としての名声が高まったのは、教皇レオ十世が逝去し、後継の座に無名のハドリアヌス六世が選ばれた直後だった。二度目のローマ滞在中に、彼は教皇にジュリオ・ロマーノの十六枚の性交体位図を制作した銅版画家マルカントニオ・ライモンディの釈放を直訴した。「最初の成功に飽き足らなかったアレティーノは、自分が何をやっても許されることを示すために、ジュリオ・ロマーノの図をもとに十六のソネットを書いた[3]」。その一方で、彼は過激な言動のせいで危害も被り、短剣で刺されて、命こそ落とさなかったものの、手に大きな傷を負った。その事件に対する風当たりは強く、アレティーノはふたたびマントヴァへ逃げるように帰った。そしてゴンザーガ家の君臨する宮廷で注目を集める。彼はマントヴァで同性愛趣味を隠すことはもちろんなかったが、時には異性とも関係を持った。

ヴェネツィアへやってきたのは一五二七年、ハプスブルク家のカール五世率いるドイツ人傭兵がローマを略奪した二カ月後のことだった。アレティーノはこの略奪を予見して、教皇庁に対する敵意から歓迎した。ヴェネツィア政府は最後までこれを傍観し、総督アンドレア・グリッティは賛同を示す。アレティーノいわく、ヴェネツィアの女性はとても美しく、彼女たちに身を捧げるために同性愛をやめたほどだという。三十五歳にして、ラグーナの街は彼がみずから選んだ故郷となり、リアルトのサン・ジョヴァンニ運河の角にドメニコ・ボラーニから家を借りた。「カナル・グランデのある側の高級な地区で、家はほどなく「デッラレティーノ」（アレティーノの家）と呼ばれ、運河と家の前の通りにも彼の名がつけられる。[4] 彼の家の窓から見える光景は、フランチェスコ・グアルディの『カナル・グランデとリアルト橋』と題された絵に残されている。おそらく二階の三連窓からスケッチしたものだろう。この建物——カ・ボッラーニ・エリッツォ——は十三世紀に建てられ、いまもなお運河を見下ろしている。アレティーノの時代の形はとどめていないものの、二階と三階のアーチ型の三連窓は当時のままで、彼はそこから顔を出して、行き交うヴェネツィアの人々の生活を思い描いていた（リアルト橋に集まった彼のファンはその姿を見ることができた）。一九四四年には、未来派の祖、フィリッポ・トンマーゾ・マリネッティがしばらくここに住んで、〈カンナレージョ五六六二同盟〉を結成している。

アレティーノは二十二年間ここに住みつづけ、家賃の代わりにソネットを書いて大家に渡していたが、一五五一年、ついに業を煮やした大家に追い出された。途方に暮れたアレティーノは、少し離れたカルボン岸の家に引っ越したが、その前に家主であるレオナルド・ダンドロと交渉して、年間六十スクードを提供してくれるよう取り決めている。カナル・グランデに臨む同じ地区には、数年前までもうひとりの有名なピエトロ、すなわちベンボが住んでいた（一五四七年にローマで死去）。

一五三三年には、フランス王国のフランソワ一世が重さ一キロ半もある金のネックレスをアレティーノに贈った。その豪華な宝飾品は彼のシンボルとなり、どの肖像画にも描かれている。アレティーノの名は広く知られるようになり、ヴェネツィア政府は彼に外交任務を与える。絶頂期は一五四三年、ヴェネトの代表団の一員としてカール五世を歓待したときだった。正装した一団はヴェローナからブレッシャへ向かう神聖ローマ帝国の行列を迎え、そのなかにアレティーノがいると知っていたカール五世は、途中で彼をそばに呼び寄せて同行させた。ペスキエーラに到着すると、ふたりは長々と話しこみ、そのあとで皇帝は彼を「イタリアで最も親愛な友人のひとり」と呼んだ[5]。おかげで彼の本が売れたのは言うまでもない。

ふたたび話を戻すと、ヴェネツィアに来たときには、アレティーノはすでに若くはなく、「将来は不安定で、経済的にも余裕はなかった[6]」。それは一五二七年三月のことで、「旅行者のようにやってきて、これ以上追放されない場所に行き着いた[7]」。彼がヴェネツィアを選んだ理由は、「数多の印刷所があるおかげで、みずからのメッセージが広く伝わると考えたからで（中略）それ以前のアレティーノは出版業界と関わることは稀だった[8]」。

出版の歴史により関係の深い話、史上初のポルノ文学と言われる『色情ソネット集』について見てみよう。これはローマで書かれ、アレティーノの研究者によれば、おそらく一五二五年ごろの作とされている。前述のとおり、ラファエロの一番弟子だったジュリオ・ロマーノは露骨な性愛図――現代の言葉で言えば猥褻画《わいせつが》――を描き、マルカントニオ・ライモンディがそれを十六枚の銅版画として複製した。教皇庁はそれを快く思わず、ライモンディを投獄したが、アレティーノは彼を釈放するよう訴えた。そのころのアレティーノは、すでにみずからの主張を押し通せるほど有名になっていた。良識のある人間なら、この時点で満足していただろう。望みどおりの結果を手に入れて、友人は自由の身となったのだ。ところが、アレティーノはとどまるところを知らず、あろうことか銅版画の説明文となる十六のソネットを書いた。こうして『色情ソネット集』が生まれたが、その代償としてアレティーノはローマを追放された。ヴェネツィアは当初、彼にとっては流刑地のようだったにちがいない。そして、ローマの異端審問から離れた地で、アレティーノはみだらな図と詩を満載した本を出版した。それが出版史上において最初となるポルノ文学である。もっとも、出版の場所と年号（一五二七年、ヴェネツィア）は研究者による推測にすぎない。(9) というのも、唯一現存する版では口絵と、その裏に印刷された二編の詩が欠損しているからだ。

この本は（あまり鮮明ではないが、マイクロフィルム版が大英図書館に保管されている）ウォルター・トスカニーニ（指揮者アルトゥーロの息子）が所有していたが、彼の死から七年後の一九七八年に、クリスティーズによってニューヨークで競売にかけられた。他の三冊の本と併せて（やはりアレティーノ風に猥褻な作品だが、おそらく本人のものではない）三万二千ドルの値がつけられたが、落札者は明らかにされていない。

『ソネット集』の商業的な結果がどうだったかはわからないが、その後の出版の流れが変わらなかったことから、おそらく大成功だったにちがいない。だが、ヴェネツィアとアレティーノは依然として「相手のにおいを嗅ぐ」関係だった。「生まれの定かではないローマの宮廷人は（中略）虚栄心に駆られやすく、自己顕示欲が強いため、最初は政府の関係者に紹介されなかった。しかしやがて、アレティーノはおそらく戦略家としての素質を持っており、どんな場合でもみずからの激しい情熱を――たとえ意図的であろうと――共和国に対して好意的に示せることが明らかになった[10]」。

このころ、ピエトロ・アレティーノは「十六世紀で最も有名な本」と言われる作品[11]、すなわち『ラジオナメンティ』（一五三四年）と『ディアローゴ』（一五三六年）の執筆に取りかかっている（いずれも『六日間の色事談義』に収録）。一五三〇年代初めには、「王侯にとっての厄介者」は論客で有名人だったが――『ソネット集』のおかげで好色家の役割も具現化した――まだ念願の作家にはなっていなかった。「それゆえ、作家として認識されるにはどうすればよいのか、抜け目なく計算していた。彼の場合、そのための手段は冷静に考えた出世計画だった[12]」。アレティーノは机に向かいながら、有名になるための本を考えた。もうひとりのピエトロ、すなわちベンボは、愛にあふれる対話を描いた『アーゾロの人々』（一五〇五年）で一躍名を轟かせ、『俗語論』（一五二五年）で文学の言語としての俗語の利用をまとめあげた。アレティーノの作品も同じく俗語による対話で、愛をテーマにしていたが、それは精神的なものではなく性愛だった。登場人物はリュートを奏でながら甘美な声で歌うルネサンス時代の天界の少女ではなく、生活のためにみずからの体を利用する、より現実的な女性だ。このように役割を逆転させることによって、「娼婦の対話」、すなわち十六世紀初頭に大流行した愛にあふれる対話のパロディが生まれた。こうして完成した『六日間の色事談義』は「十六世紀で最も重要な文献のひとつ」と考えられ[13]、官能的な対話によって、アレティーノは「社会的および観念的な順応主義とは異なる文学の表現にふさわしい手段」を手に入れた[14]。六日間で完結する対話は、大きくふたつに分かれる。最初の三日間──ナンナとアントニアによる議論──では、ローマのある公園で、元娼婦のナンナが友人のアントニアに三種類の女性について説明する。すなわち修道女、妻、娼婦だ。そして、ナンナの若い娘ピッパにはどれがいちばんふさわしいかを話しあい、「娼婦の仕事が最も確実で、結局は最も正直」だという結論に達する[15]。読者に対して売春の説明をするために、アレティーノはわざわざサドマゾヒズムの場面も挿入している。たとえば二日目では「地面に四つん這いにさせて、手綱のように口にベルトをくわえさせ、あたかも馬に乗るごとく背中に乗ってかかとで蹴りあげる」。あるいは、ナンナに娼婦としてのふるまいを解説させている。「相手が手で押さえつけてきて、〝きみが動くんだ。僕がまったく動かなくて済むように〟と言ったら、泣きそうな声でこう答えるの。〝何て大きいの。ほかの男の人もこんなに大きいのかしら？〟」

一五三六年に出版された後半の三日間は、とりわけあからさまなタイトルがつけられており、またしても道徳主義者や保守的な人々は騒然としたにちがいない。『偉大なピエトロ・アレティーノによる、ナンナが（中略）娘のピッパに娼婦としての生き方を教えるための対話』では、母親が自分の経験に基づいて娘に助言をする。「手を使って、相手が十分に興奮するまで奉仕するの。彼が突っこんできたら全身が燃えあがるわ」。こうした内容を見れば、誰もが眉をつりあげるだろう。「延々と繰りかえされる性交、暴行、近親相姦、男色は（中略）おびただしい性行為の波に溺れ、苦痛の底へと突き落とされる世界から生まれた寓意にほかならない。まさしく無秩序の世界である」[16]。「『アーゾロの人々』から二十九年後に、アレティーノはすばらしい愛の対話のアンチテーゼとして『ラジオナメンティ』を出版した。これは文学史上、最も扇情的で猥褻な作品である。（中略）教会の権威に反抗して（発禁処分となるまで）、秘密裏に出版を急いだのは、彼がこの本が話題となると確信していたことを示している。こうして〝悪名高いアレティーノ〟が誕生した」[17]。

前述のとおり、アレティーノとヴェネツィアは切っても切れない関係にあった。十六世紀の他のヨーロッパの都市では、ピエトロは「かの有名なアレティーノ」となることはできなかっただろう。こうしたジャンルの作品を書いて刑務所行きにならずに済むことも、一定の発行部数と流通を保証する出版システムを築くこともなかったかもしれない。「ヴェネツィアで出版されたアレティーノの初期の作品は、誤植の有無にかかわらず海賊版の横行する出版界に一石を投じた」[18]。盗作や海賊版が著者に損害をもたらす反面、作品が広く読まれるという利点もあった状況では、まさに大きな意義があったと言えよう。さらに、この新たなジャンルの文学が数々の模倣を生み出したことからも、反響の大きさをうかがうことができる。この作品以降、娼婦はたびたび物語に登場するようになり、その裏にはおそらくアレティーノの示唆があったと思われる。『さまよう娼婦』(一五三〇年)、『ザッフェッタ』(一五三一年)、『売春の値段』(一五三五年)、『修道士になったゾッピーノと好色家ルドヴィーコの議論』(一五三九年)など、例を挙げればきりがない。

もうひとつの功績は、異端審問の波がヴェネツィアにも押し寄せていたため、アレティーノの作品は三世紀にわたって「秘密裏に流通して蔵書家や好色家のあいだで垂涎《すいぜん》の的となったことである。その後は、当作品に向けられる批判はつねに自主規制の対象となった[19]」。

こうして、アレティーノは作家としての名声を確立する。彼はひとつの文学ジャンルを築いただけでなく、「さらに手紙を本にするという新たな出版の形態を考案し、十六世紀以降、多くの作品が途切れることなく生み出されることとなった[20]」。彼の場合は単なる書簡集ではなく、本にするために手紙を集めて整然と並べたものだった。一五三八年一月に〈マルコリーニ〉社から出版された『第一書簡集』は大きな反響を呼び、アレティーノ自身、そのことを自覚して、次のようなコメントを残している。「われわれの言葉で書かれた手紙は、私の知らないところで勝手に印刷されている。私は喜ばしいと同時に、無断で模倣されたことに傷ついた[21]」。この本は、内容だけでなく装丁にも細心の注意が払われた。「書店の棚で目立ち、すぐにわかるように作られた。アレティーノにとっては、みずからの評判と、ヴェネツィアでの将来がかかっていたからだ[22]」。実際、本は大型の二折判で、凝った装飾が施されて高価だったため、購入者は一部の人間に限られた。

いずれにしても、ピエトロ・アレティーノはみずからの出版人の会社設立にもひと役買うこととなった。フォルリ出身のフランチェスコ・マルコリーニは、おそらくアレティーノと同じ年にヴェネツィアへ移り、二十五年間で――一五四六～四九年までの三年間は、高名な担当作家の魔の手から妻を守るためにキプロスへ移住し、活動を休止している――「百二十六冊の出版に同意した。年間で平均六冊という数字で、作品はすべて同時代作家の〝攻撃的なもの[23]〟」で、当時の知識人のなかで、きわめて型破りな人物の作品を出版することに生き甲斐を感じていたと言えよう。

アレティーノは自薦に関して、驚くほどの試行錯誤を重ねた。こんにちで言う「出版マーケティング」である。そして、読者に対して「質問し、感謝し、要求し、相談し、説得し、非難するために、要するに、人徳の第一人者である最高裁判官のごとく、読者の目の前に君臨するために、つねに読者を意識しつづけた[24]」。

この時代には、書籍の販売で最も恩恵にあずかるのは出版人で、著者はたいして利益を得ることがないか、下手をすれば報酬はゼロだった。アレティーノもご多分にもれず、売上げはマルコリーニに譲っていた。彼の場合、生活費はほかから入手していた。すなわち、執拗に寄付を要求していたのだ。『書簡集』の出版をきっかけに始まったこの仕組みは、寄付者を対象に、需要と供給のバランスを見越してつくられたものだった。（中略）写本のみが出回っていた――確実に衰退に向かっていた――世界が、大量印刷によって扉を開いた。いわばつねに更新される現代のメーリングリストのように、アレティーノは『書簡集』の出版後に寄付者の数を増やし、彼らは金銭を提供する見返りとして、ミューズたちの住むパルナッソス山（訳注：文学の発祥の地として知られるギリシャの山）に足を踏み入れることを許された[25]」。

アレティーノのように並外れた人物は派手な生活を送り、それと同時に親族や金目当ての知人が彼に群がっていたことは想像に難くない。「本人の話を総合して概算すると、年間の収入はおよそ千六百〜千七百スクード、うち（中略）六百スクードが年金で――国とヴァスト侯爵、サレルノ領主から支給されていた――それ以外にも大量の紙やインクを入手しようと努力した[26]」。現在の金額に換算すると、驚くべきことにアレティーノの収入はベストセラー作家と肩を並べるほどだった。

第十一章　衰退、最後の役割、終焉

「それで、リアルトでどのような知らせが？」ウィリアム・シェイクスピアは『ヴェニスの商人』でソラーニオにそう言わせている。有力な商人には情報が欠かせなかったが、十六世紀には現代のような新聞はまだ存在しなかった。その代わり、ヴェネツィア共和国は近代的な外交術によって情報を入手していた。大使や領事によるネットワークは他に類がなく、のちにイギリスが手本とするほどだった（イタリアは見習わなかった）。世界初の常設の大使館はヴェネツィアのもので、一四三一年、教皇にエウゲニウス四世――本名はガブリエーレ・コンドゥルマーロでヴェネツィア出身――が選出されたのを機にローマに設置され、ヴェネツィア共和国の代表団はヴェネツィア宮に駐在した。このバルコニーからベニート・ムッソリーニが演説を行なったために、不幸にも世界中に名を知られることになった建物である。

『ヴェニスの商人』を書いた十五年前に初の雑誌が誕生していることを、シェイクスピアが知っていたかどうかは定かではない。ウンブリア出身の両替商パンフィロ・ブランカッチは、当時のふたりの有力な出版人のヤコポ・ジュンティ、ボニファチオ・チエラと協力して、両替の相場や商品の価格を「通常の手紙に添えやすいように細長い紙に」印刷した。[1]厳密に言えば現代の雑誌とは異なるものの、印刷され、かつ発行日が決まっている点は同じだ。現存する最も古い版は一五八五年三月十四日付だが、おそらくそれ以前から発行されていたと思われる。

まさにそのころ、ヴェネツィアにはローマの異端審問の波が押し寄せつつあったが、出版業界にはすでに復興の新芽が頭をもたげていた。今度は本の分野ではなく、情報の印刷だ。十七世紀から、とりわけ十八世紀にかけて、ヴェネツィアの出版は新聞や定期刊行物が中心となる。新聞を意味する「ガッゼッタ」という語も、もとはヴェネツィアの言葉で、高価な新聞を買うときに用いる硬貨を表わした。初期の新聞のひとつ、『ガッゼッタ・ヴェネタ』はガスパロ・ゴッツィが一七六〇年にヴェネツィアで創刊したが、これには記事だけでなく、人物の肖像画も載せられていた（記事は「知らせ《ヌオーヴェ》」や「最新のこと《ノヴェッレ》」と呼ばれ、英語の「ニュース」の語源となっている）。いずれにしても、一六九六年にはすでにヴェローナのアポストロ・ゼーノが文芸誌『ガッレーリア・ディ・ミネルヴァ』を企画していた。ヴェネツィアでは、イタリア初の女性編集長エリザベッタ・カミネルが誕生し、一七七七年に父親から引き継いで『ジョルナーレ・エンチクロペーディコ』の編集を手がけた。

だが、この段階に至るまでに、ヴェネツィアの出版界は暗黒の時代を迎える。

すでに見てきたように、十五世紀末〜十六世紀初頭にかけてのヴェネツィアの出版ブームは三つの要因に基づいていた——豊富な資本、商業ネットワーク、そして言論の自由である。しかし十六世紀後半になると、これらの条件は失われてきた。商業から離れたヴェネツィア貴族の関心は不動産や農業、アルプス山脈麓の豊富な水源——それゆえ水力——による産業活動へと向けられる。富裕層の避暑地以外にも、農業や産業の中心となった農場の複合家屋（ヴィッラ）は、ヴェネト地方の景観も変えつつあった。ヴィッラ建築の第一人者として歴史に名を残すアンドレア・パッラーディオは一五〇八年にパドヴァで生まれ、一五八〇年にトレヴィーゾのアーゾロ近郊のマゼールで死去した（まさにこの地に、彼の建てた壮麗なヴィッラ・バルバロがヴェロネーゼによる内部のフレスコ画とともに現存している）。パッラーディオの建築スタイルはイギリスのヴィクトリア朝様式の邸宅だけでなく、ワシントンのホワイトハウスや国会議事堂にも影響を与え、二〇一〇年十二月六日、アメリカ議会は決議二五九条で彼をアメリカ建築の父として認定した。パッラーディオが出版においても功績を残したことを考えると――一五五六年にヴェネツィアで出版されたウィトルウィウスの『建築書』で翻訳・注釈・挿画に関わった――貴族にとっては彼または彼の多くのライバルの誰かにヴィッラを建築させるだけで莫大な費用を要し、他の活動には回せなかったにちがいない（ちなみに建築書の分野では、二十年前の一五三七年にヴェネツィアで初の挿画本、セバスティアーノ・セルリオとアゴスティーノ・ディ・ムッシによる『建物の五つの様式および建築の一般法則』が出版された。百二十六の銅版画のうち、五十六はページ一面を占める大きさである）。

一方で、大西洋航路が切り開かれたことによって、主要な貿易ルートは地中海の外へと移る。ヴェネツィアは、地理的な理由と、貴族がそうした変化をまったく理解していなかったために新たな航路から外れ、ラグーナの港は北ヨーロッパの国々にとっての寄港地の地位を失った。一方で大陸の北側は大西洋に面しているだけでなく、国が宗教改革を受け入れたために、出版の自由がローマの異端審問に侵されることもなかった。したがって、ヴェネツィアが出版の中心的な役割をヨーロッパ北部へ譲り渡したのも、けっして偶然ではない。さらに別の要因もある。いまだに詳しく解明されてはいないが、おそらく無視することはできないだろう。それは、イタリアの俗語、ひいてはヴェネツィアの俗語の重要性が失われたことである。フィレンツェやヴェネツィアの経済と文化の発展によって、たしかに一時期はイタリア語がヨーロッパの共通語となった。イギリスのエリザベス一世がトルコのスルタン、ムラト三世とやりとりした手紙も、少なくとも一部はヴェネツィア語で書かれていた。ところが、数十年のうちにフランス語がこれに取って代わった。

十六世紀なかばには、ローマの異端審問の影響がヴェネツィアにまで及ぶようになる。一五四七年には共和国に検邪聖省が設置され、これ以降、この新たな機関は「多忙な十人委員会や執行官など、共和国の司法組織に代わって、プロテスタントの文学を禁止する権限を有した(2)」。一五四八年七月十二日、リアルト橋とサン・マルコ広場のあいだで、非合法の書店主の家に隠されていた千四百冊の本が炎に投げこまれた。それが発端となり、十一月二十一日には二度目の炎が燃えあがっている。一年後の一五四九年には、ヴェネツィアの教皇大使ジョヴァンニ・デッラ・カーサが百四十九冊を指定した初の『禁書目録』を作成したが(3)、貴族たちは——のちの総督ニコロ・ダ・ポンテを筆頭に——反発して従わなかった（その二年後にデッラ・カーサはあらゆる身分に向けて、かの有名な『礼儀作法書』を書いている）。だが、この目録をきっかけに、五年後の一五五四年にはローマでも初の『禁書目録』が作成された。このときもヴェネツィアは教皇庁に対して堤防を築くことに成功したが、一五五八年十二月にローマが新たな目録を公布すると、今度ばかりはヴェネツィアも従わざるをえなかった。六百人以上の作家が断罪され、四百冊超が発禁処分となる。エラスムス、マキアヴェッリ、アレティーノ、ラブレーが禁じられ、俗語の聖書もすべて禁止された。「ヴェネツィアの出版界にとっては致命的で、避けがたい運命だった」[4]。

すでにヘブライ語の書籍のところでも述べたが、はじめてタルムードに火の手が迫ったのは一五五三年十月二十一日のことだった。これについては、教皇大使の得意げな報告が記録されている。「数カ月後には、ヴェネツィア共和国から遠く離れたクレタ島でもタルムードが他の本とともに炎の中に投げこまれた。同時に、イタリア全土では無数のヘブライ語の本が破棄された」[5]。

その後も炎は燃え広がった。一五五九年三月十八日の聖土曜日には、ヴェネツィアで一万〜一万二千冊の本が燃やされた。ミケーレ・ギスリエリ枢機卿が、このような形で異端審問官に就任したことを祝ったのだ。彼はヴェネツィアの書店主が何食わぬ顔で禁書目録の発行を拒み、ヴェネツィア検邪聖省に対して続けざまに三度、命令に従わなかった印刷者の名前を明かすよう求めたことが気に入らなかった。これによって本と同様に「書店主たちの運命も決まった」[6]。

一五六二年、ヴェネツィア共和国は独自の規則を定めた——すべての写本は、聖職者ひとりと俗人ふたりの検閲を受けなければならない。だが、そのためには時間と費用がかかった。出版許可を得るまでに一〜三カ月を要し、印刷者はそれぞれの検閲者に対して一ページ当たり一ドゥカートを支払わなければならない。さらに、一五六九年以降は写本を二冊用意することが義務づけられ、綴じられていないものは検閲用に、製本されたものは保管して印刷時に用いられた。

その間にも巷では人々のあいだに不信感がつのっていた。一五六五年には、絹糸の職人が「ず

っと本を読んでいた」だけで、司祭によってヴェネツィアの検邪聖省に告発されるという出来事も起きた。(7)

衰退は街の印刷機の数に反映された。一五八八年には百二十台以上あった印刷機が七十台に、九六年には四十台、九八年には三十四台にまで減った。(8) この数字は見過ごせないが、それ自体は決定的なものではない。出版点数は印刷機の合計数ではなく、一台の印刷機の生産性によって決まるからだ。実際、下った印刷許可の数、つまり新たに出版された本の数は、一五六〇〜七四年にかけて最高に達し（年平均八十九・三冊）、一五七五〜八四年はペストの影響で四十五・二冊に減ったが、一五八五〜九九年にはふたたび増えて七十二・九冊となっている。(9) たしかに危機は訪れていたが、印刷機の減少に注目したときに思われるほど深刻なものではなかった。

書店主たちは、どうにかしてローマの異端審問や商業の衰退に抵抗しようと試みた。その答えが、対抗宗教改革の出版市場の需要に応じることだった――つまり宗教書である。「一五五〇年代には、宗教を扱った本は全体の十三〜十五パーセントだったが、一五六二〜八二年にかけては二十五パーセント、その後十六世紀末までは三十三パーセントとなっている。一方で、俗語による世俗文学は一五五〇年代には全体の二十五〜三十一パーセントだったのが、その後十年間で二十パーセントに減り、以降は同じか、やや低い割合で推移している。反教権主義、不遜、猥褻といったレッテルを貼られかねない世俗文学よりも、印刷者は信仰の書を好んだ。十六世紀後半には、このふたつの分野を合わせて、出版許可の下りた本全体の四十三〜五十七パーセント（平均四十九パーセント）を占めていた」。(10)

レパントの海戦（一五七一年十月七日）も少なからぬ影響を与えた。それは、輝かしい勝利の象徴にはなるものの、軍事的や戦略的な観点ではあまり意味のない讃美ないし祝賀関連の本の数だけでなかった。「十字軍の気運のなかで合意に達した教皇庁との同盟によって、異端審問の要求がより慎重かつ厳格になったのは当然の流れだった[11]」。当時、ローマとヴェネツィアの関係はきわめて緊密だったが、その後は次第に隙間風が吹き、一六〇六年には教皇が共和国に対して聖務停止を命じるまでになった。

いずれにしても、ローマの要求は高まる一方だった。他の都市で出版された宗教書の正統性を管理するだけでは足りず、出版事業の掌握を目指して、テーヴェレ川岸で生まれた初期の本の再出版を阻止するなどの干渉を行なった。「とりわけ一五七五〜八四年の十年間には、ヴェネツィアでの出版点数はイタリアの他の都市と同じ程度まで減少した。この時期にはローマやトリノの出版社が台頭し、これらはヴェネツィアが勢いを取り戻したあとも活躍した。ヴェネツィアの出版社が復活したのは十六世紀末で、ふたたび出版点数も増えたが、他のイタリアの主要都市で出版された本の合計の十五パーセントにとどまった。一五八〇年代の終わりには、それまであまり規模の大きくなかったローマがイタリアで第二位となった[12]」。すでにヴェネツィアの優位は失われていた。一六〇〇年には、ラグーナの印刷機から生まれた本は「同じ時期にパリで出版された本のわずか五十〜五十五パーセントだった[13]」。

ヴェネツィアの出版の再生は、最初に述べたように、本ではなく情報の定期刊行物によって為し遂げられた。商業力にとってニュースは命の水だが、ヴェネツィアの国際的な役割が低下する一方で、人々の世界の出来事に対する関心はあいかわらず高かった。言うなれば、現代のイギリスのように、もはや広大な植民地は支配していないものの、メディアはたえず海外に鋭い目を向けている状態である。

十七世紀のヴェネツィアでは、ニュースは印刷された「新聞」に添付される手書きの「報告」という形で広まった。新聞の優勢が続くうちに、報告作成者と新聞記者との争いに発展するが、ペンよりも印刷機が優れているという主張はかならずしも論理的ではなかった。というのも、印刷された知らせは長いあいだ単なる布告の一種と見なされ、手書きのもののほうが正しく、検閲に影響されないと考えられていたからだ(検閲は印刷者による出版物に限定されていたため)。「それゆえ(印刷された知らせは)政府や法廷のものに限られ、何十年ものあいだ全面的な信頼を得ることができなかった」[14]。たとえば、サン・マルコの船渠に商品を積んだ船が係留しているあいだに、記者は急いで船長や役人から情報を聞き出し、会社に駆け戻って聞いたことを書き、その紙を港の外に張り出せば、人々が集まってきて読む。それに対して新聞は印刷所へ行き、文章を考え、原稿の印刷許可を得てから印刷に至る。そのころには、すでにニュースは広まっているというわけだ。

前述のとおり、史上初の雑誌は一五八〇年代にヴェネツィアで誕生したが、新聞がはじめて印刷されたのは一六〇五年、ストラスブールでのことだった。もっとも、ヴェネツィアも普及という手段で貢献している。「週刊紙の発行は、少しずつ変わりゆく世の中に対する関心を高める結果となった」[15]。新聞の普及のきっかけとなったのは、十七世紀末のトルコとの戦争だった。一六八三年にウィーンが包囲され、八六年にはブダが征服された。ヴェネツィアは八四年に参戦し、二年にわたってペロポンネソス半島を占領したのち、八七年にアテネを攻略した（トルコ軍が弾薬の貯蔵庫としたパルテノン神殿を爆撃して破壊した）。その様子は「一六八七年の終わりごろにアントニオ・ボシオが出版した『アテネ周辺で発見された興味深い古代の遺品に関する記録』に記されている。これは間違いなく目撃証言に基づいた建築物とその現状についての報告書である[16]」。

大手出版社は戦争に関する出版物には目を向けなかったが、小さな書店や印刷所のなかには、こうした分野を専門的に扱うところもあった。「サン・マルコ広場からリアルト橋のあいだに行商人の荷車が列をなし、一部の露店や書店にもこうした分野の出版物が並んでいた。（中略）彼らは印刷許可の獲得によって保証される著作権が有効ではないと判断した場合にのみ、同業者を制して印刷されたニュースを扱った。したがって、諍《いさか》いが起こることも珍しくなかった。軍に関する情報を入手すると、すぐに印刷し、広場へ駆けつけて売りさばくことが必要だった[17]」。このように印刷所どうしの競争は激しく、ナイフが飛び出すケースも、少なくともひとつは知られている。ある男はライバルの男の部下に顔を傷つけられたのだ。

検閲は印刷された内容にも、内容をチェックする方法にも目をつぶった状態だった。本来であれば、印刷物をパドヴァ大学改革委員（監督官として任命された三人の貴族で、検閲の権限を持っていた）の書記官のもとに持ちこみ、三人から許可が下りるのを待つことになっていた。ところが印刷者はサン・マルコ広場に一番乗りで駆けつけなければならず、一刻を争っていた。そこで、三人のうちいずれかの家へ直接赴いて、大急ぎで目を通してもらったというわけだ。

この時代にとりわけ活躍したのは、「ヴェネツィアでの初の新聞の発行に貢献したジローラモ・アルブリッツィという人物である。彼の設立した会社は、十九世紀なかばまで、あらゆる分野の定期刊行物の出版で中心的な存在だった。一六六二年に古物商の息子として生まれた彼は、一六八五年十月十四日に印刷者の職業組合を設立する。（中略）その前年、サン・ズリアン教会の裏手のグエッラ広場に印刷所を開き、〝神の名〟という看板を掲げ、印刷およびジャーナリズムの活動の拠点とした」[18]。アルブリッツィという同名の裕福な貴族が存在するが、いっさい関係はない。彼は一六八六年の春から『ブダの皇帝広場新聞』を発行し、さまざまな軍事新聞が次々と創刊されるなか、週一回の発行が約四年間続いた。ニュースはハプスブルク家の首都ウィーンの新聞記者から届いたが、なかでもヨハン・ファン・ゲーレンという記者は人づてに入手した文書を印刷所に渡すだけでなく、みずからニュースを集め、「イタリア語で作成された、いっさい誇張のないきわめて正確な記事」を印刷した[19]。最新のニュースが印刷されてヴェネツィアの人々の目に触れるまでには二十日間を要した。アルブリッツィの新聞には広告も掲載されている。同じ出版社の他の出版物に先駆けて、「ハンガリー王国で新たに発見された、健康によい名水」といった宣伝文句が紙面に踊り、実際の商品も新聞と並んで販売されていた[20]。

「地中海を舞台に繰り広げられる軍事作戦が拡大するにつれて、ヴェネツィアやイタリアでは大いに関心が高まっていた。アルブリッツィはウィーンからのニュースだけでは満足せず、一六八七年に『レバントのヴェネツィア軍に関する新聞』の発行に向けて準備を進める。実際にヴェネツィアの艦隊を追跡して、ダルマチア、アルバニア、モレアにおけるヴェネツィア軍の状況を伝えるつもりだった。アルブリッツィが軍の関係者からヴェネツィアへ送られた外交文書を入手しているのではないかという疑惑は、総督の館に届いた手紙と発行された新聞を見くらべることによって晴れる。なかには似かよった内容もあったが、詳細は異なっている。結果として、アルブリッツィは公式の文書と同じ方法で報告書を送ることのできる特派員を利用していたことが判明した[21]。残念なことに、その特派員は報告書に署名をしていなかった。そうでなければ、世界初の従軍記者と言われるアイルランド人のウィリアム・ハワードの手柄に傷がついていたことだろう。一八五四年十一月十四日付の『タイムズ』紙で、彼はクリミア戦争の激戦地バラクラヴァでのイギリス軽騎兵隊の突撃について記事を書き、それを読んだナイチンゲールが、みずからも看護師として従軍することを決意した。

オスマン・トルコとの戦争は、一六八三年のウィーン包囲をきっかけに始まり、一七一八年のパッサロヴィッツ条約で終結を迎えたが、モレア戦争でのヴェネツィア軍の占領によって地理書の出版が勢いを取り戻した。フラーリ（現在の国立古文書館がある場所）のフランチェスコ会修道院のヴィンチェンツォ・コロネッリ神父は一六七八〜一七一八年にかけてヴェネツィアに滞在した。共和国の天文学者に任命された彼は、フランスのルイ十四世の依頼でふたつの地球儀を製作した。ひとつは地球を、もうひとつは宇宙を表わしている（最近までパリのグラン・パレに展示されていた）。彼の出版した全十三巻から成る『ヴェネト地図帳』と二十七巻の『戦争の舞台』には、戦いの行なわれた場所だけでなく、オスマン軍に破壊された街や要塞の図も挿入されている。[22]

十八世紀に入ると、新聞や雑誌はヴェネツィアだけでなく、ヴェネト地方全体で発行されるようになった。いわゆる「レモンディーニの世紀」である。レモンディーニ家はヴィチェンツァのバッサーノ・デル・グラッパの一族で、十八世紀後半にヨーロッパでも有数の大手出版社を設立した。「ディドロとダランベールによる『百科全書』の〝バッサーノ〟の項目には、〝ブレンタ近郊の小都市で、従業員百八十名、印刷機五十台を有する大手出版社〈レモンディーニ〉があることで知られる〟との説明書きがある[23]」。

一六七〇年に創業して、一度も危機に陥ることなく百三十年間存続した〈レモンディーニ〉社についてては、さまざまな興味深いエピソードが語り継がれている。レモンディーニ家は喜劇作家ガスパロ・ゴッツィ、ヴェネツィアの最後から二番目の総督パオロ・レニエルといった著名人や上流階級の人物との交流が深く、バッサーノの屋敷にはつねに華やかな顔ぶれがそろっていた。だが、名声と同時に災難も訪れる。一七六六〜七三年にかけてはアウグスブルクの銅版画に関する論争に巻きこまれ（バッサーノの銅版画家がドイツ領に進出したことがきっかけ）、一七七二年にはある著作が侮辱的であるとしてスペイン王カルロス三世に訴えられた。

二十世紀後半のイタリア北東部に繁栄をもたらした洞察力と起業家精神を、〈レモンディーニ〉は二世紀も前に発揮して誰も見向きもしなかった市場に挑み、輝かしい勝利を手にした。

このバッサーノの出版社は（創立者はジョヴァンニ・アントニオだが、栄華をきわめたのは甥のジャンバッティスタの協力による）、これまでの印刷者が最も手ごわいとして敬遠してきた分野で成功をつかんだ。すなわち聖人の絵図、宗教画、伝統的な聖像をモチーフにした絵である。彼らは銅版画の手法を用いて(銅に図案を彫りこむ)、ヨーロッパ中で軽蔑とからかいを含んで「レモンディーニの聖人」と呼ばれる作品を印刷した。[24] だが、あらゆる経済の原則が示すとおり、成功するためには商品の多様化が必要となる。こうして、まことに奇妙な動物図が誕生した(〝家事をする猫〟、〝けちな犬〟など)。これらは貧しい人々のための架空の光景を描いた絵で、いずれも二ソルディで売られた。『逆さまの世界』や『桃源郷』は「働かない人のほうが儲かる場所」として、あるいは子どもたちの大好きな「おもちゃの兵隊」は、色とりどりの軍服に身を包んだ当時の軍隊が描かれている。一七三〇～五〇年にかけては、〈レモンディーニ〉は壁紙を、一七五〇年以降は扇やトランプなどのプレイングカードも手がけ、なかでもタロットカードはスペインに輸出されて、そこから海外植民地に広まった。

〈レモンディーニ〉の工場はバッサーノのシニョーリ広場の北側を占めていた。十八世紀後半には「印刷機は五十四台で、うち三十二台は銅版画用、十八台は書籍用、四台は金箔を施したカードのためのものだった。それ以外にも、さまざまな併設の設備があった――彫刻の学校、銅版画家、細密画家、本の装丁家のための工房、〝磨き屋や刺繡屋〟の工房が三軒、染料を準備する部屋、印刷用の活字を鋳造する窯、それに商品を保管するためのたくさんの倉庫[25]」。さらに同社はブレンタ川岸に三軒の製紙工場、ピアーヴェ川岸には一軒(トレヴィーゾ地方とベッルーノ地方にはさまれたカオレラ・ディ・ヴァス、ヴェネツィア共和国全体で最大の工場)を所有していた。

十八世紀後半になると、〈レモンディーニ〉社は地図とテーブルゲームの製造を始める。[26] テーブルゲームの分野でも、やはりヴェネツィア共和国は他に先駆けた伝統を有していた。一六〇三年にはヴェローナで史上初のゲームブック『パッサテンポ』、続いて『ラベリント』が出版され、後者はヴェネツィアで出版されたふたつの版が有名である（一六〇七年と一六一六年）。一六〇七年の版はサン・マルコ図書館に保管されていたが、残念ながら紛失しており（おそらく盗まれたと思われる）、現在はフィレンツェとロンドンに同じ版が保管されている。一六〇三年の『パッサテンポ』は長らく埋もれていたが、最近になって（二〇一一年春）ブレッシャで情報技術者ロベルト・ラバンティと数学者でマジシャンのマリアーノ・トマティスによって発見された。トマティスはこのゲームをみごとに再現してみせた。「この本はイタリアの宮廷で変わった遊びをするために使われていた。ひとりが心の中である人物を思い浮かべ、本の中の四角形を指さす。それぞれの四角形の下には、別のページを参照するよう指示が記されている。それを順に辿ることによって、架空の登場人物による誰も予想がつかない冒険が繰り広げられるというわけだ」。『パッサテンポ』と『ラベリント』は、現代で言えば、双方向性には欠けるものの、無数のアイコンが散りばめられたハイパーテキストにほかならない。著者はアンドレア・ギージという人物で、ヴェネトの貴族であること以外はほとんど謎に包まれているが、あるいは一六一七年にイストリアのピラーノ（現スロヴェニアのピラン）で行政長官に任命された貴族と同一人物である可能性もある。この貴族は、数カ月後に船で輸送中の貴重品をウスコックとトリエステの海賊に略奪され、元老院から千ドゥカートの助成金を受け取っている。

〈レモンディーニ〉社に話を戻すと、ギージの本とは対照的に、富裕層や宮廷人の顧客は想定しておらず、あくまで大衆向けに小さな聖像図、おもちゃの兵隊、どこでも遊べるゲームを製造している。それらを売っていたのは、おそらくテジーノ渓谷のトレント人、ガルデーナ渓谷のチロル人――どちらもハプスブルク領――、そしてヴェネツィア共和国内ではスラヴィア・ヴェネタのスロヴェニア人（フリウリのナティゾーネ渓谷）といったところだろう。とりわけテジーノ人は、かごいっぱいに絵を詰めて、三〜四年かけて売り歩いていたにちがいない。何しろ「テジーノ人がいなければレモンディーニも存在しない」という言葉があるくらいだ（ディ・ピエーヴェ・テジーノはイタリアの重要な政治家アルチーデ・デ・ガスペリの出身地である。一九一一年、故郷の渓谷がふたたびオーストリア＝ハンガリー帝国領となると、彼はウィーンで帝国議会の議員となる。その後、第二次世界大戦中にキリスト教民主党を創設し、一九四五〜五三年までイタリアの首相を務めた。おそらく祖先の誰かは世界を回って聖像図を売り歩いた可能性が高い）。

行商人は売り物の絵と旅費と関税を支払うための硬貨を受け取り、戻ってきたときに商品の代金を払い、借金を清算した。だが、いつでも事がうまく運ぶとは限らない。歳月が過ぎるにつれて〈レモンディーニ〉は地元で大地主となったが、これは土地を担保に借金をしたおかげだった。[27]いずれにしても、テジーノ渓谷からバッサーノへは歩いて二日間の道のりだったため、〈レモンディーニ〉はピエーヴェに代理店を置き、十八世紀末には最も名高いヴェネツィアの支店より四十パーセントも多い売上げを誇った。[28]代理店では行商人のかごを満たすのに必要なものがすべて揃っており、商品を補給したのち、彼らはふたたびグループで旅に出る。ガルデーナの代理店については詳しいことはわからないが、より規模の小さい似たような代理店がチヴィダーレ近郊のナティゾーネのサン・ピエトロ――当時はサン・ピエトロ・スキアヴォーニ――にも設置され、バッサーノから〈レモンディーニ〉の代理人が家族とともに移ってきた。スラヴィア・ヴェネタの住民は、とりわけ同じスラブ語を起源とする言葉を話す東ヨーロッパと行き来していたが、テジーノの行商人の存在を裏づける史料では、彼らが世界各地を回っていたことを示している。たとえば、一七三〇年ごろにはイベリア半島に現われ、そこからアメリカへ渡っている。逆方向ではロシアを横断し、〈レモンディーニ〉の商品を持った行商人はシベリアやアストラハンまで到達した。『カラマーゾフの兄弟』でゾシマ長老の隠遁場所を描写したフョードル・ドストエフスキーは、〈レモンディーニ〉の出版物かもしれないものをほのめかしている。「高価で美しい複製の隣に、より大衆的なロシアの聖人、殉教者、高位聖職者などのリトグラフが並べられ、どれも安く手に入った」。一七二四〜一八二四年にかけて、ピエーヴェの文書保管所で九十枚のテジーノ人の死亡証明書が再発見された。うち四十枚がドイツ、八枚がロシア、五枚がオランダとハンガリー、残りはヨーロッパの各都市で発行されたものだが、一枚だけニューヨーク州の州都、オールバニのものが含まれていた[29]。

やがて、優秀な行商人がヨーロッパの各都市で店を開いて、〈レモンディーニ〉の製品を売るようになった。そして、はからずも〈レモンディーニ〉とマドリードの宮廷のあいだに長きにわたる厄介な論争を引き起こしたのは、ローマで店を始めたシモナートというテジーノの商人だった。シモナートは彼が出したミケランジェロの『最後の審判』について、スペイン大使の要請で逮捕された。その絵では、ブルボン朝のスペイン王カルロス三世の紋章が悪魔の側に描かれていたのだ。そのために政治・外交上の争議が延々と続き、〈レモンディーニ〉がドゥカート金貨のぎっしり詰まったたくさんの袋を差し出してどうにか解決したのは、かなりあとのことだった。

行商人は印刷物を売るだけでなく、このうえなく貴重なものも持ち帰った——さまざまな情報である。問題は、守護聖人は場所によって異なるということだった。おそらくヨーロッパ南部の人々はベーダ・ヴェネラビリスを知らず、ナポリから離れれば、サン・ジェンナーロの名を耳にしても心が動くことはないだろう。「そのため、バッサーノではそれぞれの街で受け入れられるように、さまざまな絵を銅板に彫りこむ作業が行なわれていたと考えられる[30]」。〈レモンディーニ〉はラテン文字、ギリシャ文字、キリル文字、ヘブライ文字の活字を使用し、言語もイタリア語、スペイン語、ポルトガル語、フランス語、ドイツ語、英語、ロシア語、ギリシャ語と多岐にわたっていた。銅板画の出来はお世辞にもすばらしいとは言えないが、彼らの唯一の関心は、できるかぎり短期間でレパートリーを最大限に広げ、どこでも売れるようにすることだった。ナポレオンによる侵略の直後に危機が訪れ、それからさらに十年ほどのちに印刷所は閉鎖している。一八六〇年、ヴェネトがイタリア王国に組みこまれる数年前のことだった。

十八世紀にヴェネツィアがヨーロッパのより大きな出版社の前にひれ伏したとしても、外国語の書籍の出版においては、あいかわらず中心的な役割を果たしていた。ほとんど知られていないが、とりわけ興味深いのがカラマンリ語の本にまつわるエピソードだ。現代ではアルファベットを特定の言語に結びつけるのがふつうである。英語はラテン文字で書き、ヘブライ語はヘブライ文字、ロシア語はキリル文字で書く。ところが、アルファベットが宗教と結びついていた時代があった。たとえば、トルコ語はきわめて複雑で、書く際にはアラブ文字、ギリシャ文字、アルメニア文字、グルジア文字、ヘブライ文字、キリル文字、あるいはラテン文字を使うこともできる。いずれの場合もトルコ語を母国語とする人が、宗教告白を行なう際に使い分けていた。これに似ているのがアルバニア語である。わずか一世紀前までは、イスラム教徒はアラブ文字、キリスト教徒はラテン文字、正教徒はギリシャ文字を用いていたが、一九九一年まではこれ以外にもセルビア・クロアチア語が存在した。ユーゴスラビアが解体するまでは、カトリックのクロアチア人はラテン文字を使い、正教徒のセルビア人はキリル文字を使っていた。

何世紀にもわたって、オスマン・トルコ人にとっての母国語はトルコ語だったが、一部の人の宗教はキリスト教だった――いわゆる「カラマンリ」である。彼らはトルコ語を話すが、書くときにはギリシャ文字を使った。カラマンリたちは、とりわけ小アジアのカッパドキアに多く暮らしていたが、地中海やエーゲ海、黒海沿岸にも定住し、コンスタンティノープル、スミルナ、キプロス、バルカン半島で集団生活を送っていた。

初のカラマンリ語の本である『キリスト教信仰選集』は一七一八年に、おそらくコンスタンティノープルで出版されたが、出版点数が増えたのは十八世紀なかばになってからだった。一七四三～一八〇〇年にかけては三十一冊が出版され、うち二十二冊はヴェネツィアである。したがって、一七一八年というのはオスマン・トルコの出版史において重要な年になる。アルメニア文字によるトルコ語の本（一七二七年）よりも数年早く、ギリシャ文字によるトルコ語書籍が生まれたからだ。そして、ほどなくトルコ語はアラビア文字で表記するようになった（一七二九年）。結果として、『キリスト教信仰選集』は初のトルコ語書籍としての地位を揺るぎないものにする。十九世紀にはカラマンリ語の本は四百三十二冊にまで増え、おもな出版場所はコンスタンティノープルとアテネに移った。二十世紀になると、一九三五年までにさらに百三十八冊が出版された[31]。「しかしながら、出版の中心地は間違いなくヴェネツィアである。一八一一年まで、他の場所ではカラマンリ語の本はほとんど出版されていなかった（アムステルダム、ライプツィヒ、ブカレスト、コンスタンティノープルを合わせても十二冊なのに対し、ヴェネツィアでは三十九冊）。（中略）一七八〇年までは、ヴェネツィアでのカラマンリ語出版の担い手はアントニオ・バルトリだったが、その後はイピロスのニコロ・グリキスが継承した[32]」。

一八二六〜一九三五年にかけて、ヴェネツィアはカラマンリ語の出版の覇権を失うものの、グリキスの〈ティポグラフィア・グレカ・デッラ・フェニーチェ〉は出版を続ける。カラマンリ語の文学は一九二三年に姿を消した。小アジアのギリシャ人は、言語の区別なく家を残してギリシャへ帰らざるをえなくなった。現在判明しているかぎり、一九二九年にアテネで出版された本が最後となった。一九三五年にも一冊出版されているという情報もあるが、まだ発見されていない。そして、トルコ語を話すギリシャ人もほぼいなくなった。おそらく、ひと握りの老人が子どものころに覚えた歌や詩を思い出せる程度だろう。

一七九七年五月十二日、共和国はナポレオンの征服によって崩壊し、ヴェネツィアは一国の首都としての地位を失った。それとともに出版活動も終焉を迎えつつあったが、ただひとつ例外があった――アルメニア語書籍の出版である。十六世紀の状況については、すでに見たとおりだが、その後も出版の勢いが衰えることはなかった。初のアルメニア語の聖書は一六六六年にアムステルダムで出版されたが、その大部分はコンスタンティノープルへ運ぶ途中に海の底に沈んだ。二版目はオスマン・トルコの首都で誕生したものの、誤植だらけだった。アルメニアの歴史で重要な版と位置づけられているのは、いわゆる「修道院長の聖書」、すなわちメキタル会の修道院長によって一七三五年にヴェネツィアで出版された聖書である。一七一六〜一七四九年のあいだに、「出版が自身の使徒教会で最も貴重な財産だと信じていた」メキタルは、[33] 五十にのぼる作品を出版し、うち十六冊は彼自身の書である。[34] 一七八九年には、ヴェネツィアのリド島に近いサン・ラザロ島にアルメニア語の印刷所を設立し（この年号に注目。ちょうど二世紀後に終止符を打つ出来事が起きる）、最初の十一年間で三十六冊を出版した。目を見張るようなペースだ。十九世紀以降、とくにアルメニア人虐殺（一九一五年四月二十四日に開始）以後と、ソビエト連邦時代には、サン・ラザロ島の印刷所は世界中に離散したアルメニア人にとって心の拠りどころとなった。ヴェネツィアで学術書、典礼書、文学作品が誕生し、そこからトルコに達し、ソビエト連邦に入り、離散定住集団《ディアスポラ》の数がきわめて多いフランスやアメリカ合衆国にまで広まった。だが、ベルリンの壁の崩壊（一九八九年）と、それに続くソビエト連邦の解体（一九九一年）以降は、アルメニア・ソビエト社会主義共和国は独立国家となった。じつに六世紀ぶり、すなわち一三七五年のキリキア・アルメニア王国滅亡以来の独立である。この時点で、ヴェネツィアの役割は低下し、印刷所は独自の存在という重要性を失って、それからわずか数年後、世界で最も重要なアルメニア語の出版社は閉鎖された。

十九～二十世紀にかけて、ヴェネツィアの出版界に晩年の傑作が現われる。フェルディナンド・オンガニアは芸術書に写真を用いる試みを始め、「そうした手段によって伝統的な印刷に限りない可能性がもたらされることを見抜いた」[35]。彼の『ヴェネツィアのサン・マルコ寺院』――全十六巻、構想十年、三百九十一の図版に四百二十五の挿絵――は、街で最も有名な教会のイメージを再確認し、数多の編集者に対して当時の「芸術作品」を提示したものである。オンガニアが活動した一八七一～一九一一年のあいだは、衰弱して放逐された都市にとって、イタリアに統一された直後の（一八六六年）試行錯誤の時代だった。子どものころから、彼はハンブルク出身のエルマンノ、フェデリコ、マッシミリアーノのミュンスター兄弟が一八四六年に開いた書店で働いていた。まさにその年、オーストリアが鉄橋を開通させたことによってヴェネツィアへのアクセスが格段に向上し、観光客が大幅に増加した。「とはいうものの、すでに三年前からサン・マルコ広場はガス灯で照らして夜間にも散策しやすくし、世俗的かつ大衆的な雰囲気を一新していた」[36]。書店があったのはサン・マルコ広場のナポレオン翼の下、現在は大きなガラス工芸店がある場所だ。そこで、若きフェルディナンドは仕事を覚えたが、兄弟で最後まで生き残ったマッシミリアーノは、おそらくヴェネツィアがイタリアの街になって疎外感を感じていたのだろう、身を引くことを決意していた。そして、かつての少年が店を引き継いだ。キエフ出身のウクライナ人の友人、イヴァン・ベロセルスキが共同経営者として彼に協力したが、一年後に去っている。

フェルディナンド・オンガニアは、自分が過去のヴェネツィアの偉大な出版人の血を引いていると感じていたが、ミラノやトリノ、フィレンツェのライバルに負けないためには、誰も目をつけていない新たな分野を見つけて、そこを陣取らなければならないと直感していた。そこで彼の味方となったのがテクノロジーだ。オンガニアの本はどれも「最新の洗練された写真製版の技術を駆使してつくられたものだった」[37]。高精度の写真と、ヘリオグラフィー（訳注：鉛と錫の合金による板を支持体に、土瀝青を感光剤とする写真技法。「太陽で描く」の意味）による美しい印刷は、現代の技術を使っても実現するのは難しい。「〃ヘリオグラフィーという新たなシステム〃のように、誰も試した経験のない技術を――誇らしげに――導入することで、若き書店主はヴェネツィアを新たな画像出版の前衛的な中心地とした」[38]。

いずれにしても写真の作品をつくり出すには費用がかかり、出版費用を調達するために、オンガニアは自分の店に収集対象となる貴重な本を並べ、海外からの裕福な観光客の垂涎の的となるように見せびらかした。彼の写真の本も、こうした客向けに並んでいた。洗練され、価値があり、壮観で、他に類を見ず、きわめて高価な本には、文章はほんの僅かか挿入されている程度で、しかもイタリア語ではない。『ヴェネツィアのサン・マルコ寺院』の出版に当たっては、オンガニアは破産寸前だったはずだ。イメージを実現させるために画家、デザイナー、写真家を雇い、「さらにはあのモニュメントの正確かつ完全な知識を得るのに必要な解説や解釈を求めて、歴史学者、考古学者、建築家、コーディネート役のカミッロ・ボイトまで雇った」ほどだ[39]。だが、この斬新な試みによって、オンガニアの名声と栄誉はヨーロッパのみならず世界中に広まった。数々の勲章を授与され、イタリア、フランス、オーストリア・ハンガリー帝国、イギリス、アメリカ合衆国でその功績が認められた。

オンガニアは十六世紀の偉大な先人たちをつき動かしていたものすべてを持っていた。起業家さながらの洞察力、改革と実験に対する意欲、新しい前衛的な技術を使いこなす能力を。成功には満足したオンガニアだったが、ヴェネツィアはもはや四世紀前のような世界の中心都市ではなく、彼の活動からもその事実を思い知らされた。百四十五冊の作品を出版し、あらゆる角度から街の姿を写真に収めることによって、オンガニアはその後取り壊しによって変わってしまった場所がどのような姿をしていたか教えてくれるのだ――それが彼の最大の功績だろう。一九一一年八月二十日から二十一日にかけての真夜中、スイスのサンモリッツにてオンガニアは六十九歳で死を迎え、その活動はとつぜん中断された。サン・マルコ寺院の作品を生み出すのに必要だった莫大な投資を回収し、ようやく娘のひとりと一緒にバカンスを楽しもうとしていた矢先のことだった。彼の死後、書店は閉鎖に追いこまれ、彼とともに、たとえ時代遅れだったとしても、ヴェネツィアの出版界における最後の才能の灯火が消えた。

謝辞

出版の歴史という広大な世界で、私はようやく長旅を終えた。何はともあれ、友人でヴェネツィアのサン・マルコ図書館の司書、アナリサ・ブルーニに感謝の意を表したい。ここは長年足しげく通った場所で、私にとって大切なところだ。もっとも高校のころにくらべれば、はるかに不規則にはなったけれど。

アンジェラ・ヌオーヴォは、イタリアでもう一カ所の本の殿堂、ミラノのブライデンセ図書館でのインタビューで、コーランの再発見に至るまでのいきさつを語ってくれたうえに、親切にも彼女に関する章を読んで訂正してくれた。この発見にはもうひとり、ジョルジオ・モンテッキもひと役買っている。現在、このコーランはリーノ・スカルボッサ神父によって入念に、愛情をこめて管理されている。一方でマームード・サレム・エルシェイクはこの研究に身を捧げている。彼らひとりひとりに感謝。

アルメニア語の本に関する疑問を晴らしてくれたバイカル・シヴァズリヤン、ヘブライ語の本ではウンベルト・フォルティス、トビア・ラヴァ、ジュリアーノ・タマニに礼を述べる。トビアは懇切丁寧にヘブライ語の章を読んで訂正してくれた。

スラブ語の出版の章を読んでくれたシモネッタ・ペルージジにも感謝する。アラン・ベイとクリストフォロ・ペンサートは美食学の本について教えてくれた。医学については、ジョルジオ・グラツィアーティの的確な指示に感謝したい。そして、ボローニャでリッゾーリ整形外科病院のすばらしい図書館の扉を開けてくれたアンナ・ヴィガノとパトリツィア・トンバにも。

訳者あとがき

職業柄、本が手放せない。朝から晩まで活字とにらめっこするが、それだけでは物足らず、夜中の静寂に包まれてひとりページをめくるひとときに無上の喜びを覚える。出かけるときも、まずは財布と本をバッグに入れ、電車やバスを待つあいだ、カフェでくつろぎながら、あるいは銀行のＡＴＭの長蛇の列に並びながら、いつでも本の世界に入りこむ。

そうした本は仕事のものだったり、趣味や娯楽に関するものだったりもする。そうやってあれこれ本を選べるのは、何を隠そう「出版界のミケランジェロ」ことアルド・マヌーツィオのおかげだ。最初はもっぱら祈禱や学習のためにあった本を、彼は娯楽の対象とし、読書の楽しみを生み出したのだから。

小ぶりのバッグにどうしても本が入らないとき、冬ならばコートのポケットに文庫本や新書を忍ばせる。じつは、これもマヌーツィオのおかげだ。それまでは書見台や机に置いて広げるしかなかった重い本を小型化して、手軽に持ち運びができるようにしたのだ。でなければ、とくに学生などは、いまごろひどい肩こりに悩まされていたにちがいない。まさに神さま仏さまマヌーツィオさまである。そのマヌーツィオをはじめ、多くの印刷者や出版人が活躍したのが、十六世紀のヴェネツィアだった。

ヴェネツィアと聞いて、誰もが思い浮かべる光景があるだろう——たくさんの鳩が群れ集まるサン・マルコ広場。みごとなモザイク画に彩られたサン・マルコ寺院。街のシンボルとも言うべき鐘楼。いまにも猫が顔を出しそうな路地裏。街を縦横無尽に走る運河。そして、そこに架かる美しい橋と観光客を乗せたゴンドラ。夕刻ともなれば、黒ずんだ水面にランプの灯りが揺れ、街は幻想的な雰囲気に包まれる。

ルキノ・ヴィスコンティは、この地を舞台にどこまでも陶酔的な『ベニスに死す』を撮り、恋に破れたリヒャルト・ワーグナーは、夜な夜な運河のほとりをさまよいながら愛と死を描いた大作『トリスタンとイゾルデ』を完成させた。偉大な芸術家たちを惹きつけてやまない魅力が、この街にはたしかにある。

それと同時に、かつて世界の出版の中心地として栄えた歴史もあった。史上初のコーランやタルムード、ラテン語やギリシャ語のみならずアルメニア語やキリル文字の書籍、楽譜、料理本、文庫本……宗教も言語も分野も超えた、あらゆる種類の本が、ここヴェネツィアで生まれた。本書をひもとけば、私たちは見慣れた街並みから、たちまち十六世紀の活気あふれる本の都へといざなわれる。そして、ヴェネツィアで生まれ、ヴェネツィアの歴史を学び、ヴェネツィアを愛する著者が、出版という観点から語る晴朗きわまる国《セレニッシマ》の栄枯盛衰に遠く思いを馳せずにはいられないだろう。

十六世紀のヴェネツィアで起きた本の革命が、私たちの生きる二十一世紀でも起こりつつある。

いまだ手探り状態とはいえ、電子書籍の登場によって人間と本の関係は明らかに変わってきた。もはやバッグに入るかどうか案じることも、本棚が雪崩を起こす心配も不要だ。ページもめくれるのだから、あらためて技術の進歩には驚かされる。

だが、おそらく技術では実現できないこともある。たとえばにおいだ。買ってきたばかりの本、図書館の本、長らく棚の隅に眠っていた本……どれだけ便利になろうと、そうした本を開いたときに鼻孔をくすぐるにおいを私たちは忘れたくないし、忘れてはいけない。

最後に、本文ならびにラテン語についてご教示くださった東京大学の池上俊一先生に心から感謝を捧げたい。

清水由貴子

二〇一三年二月

柏書房

歴史と読書の本

知識の灯台 古代アレクサンドリア図書館の物語
デレク・フラワー／著　柴田和雄／訳
四六判　二五六頁
本体 2,800円＋税

それでも、読書をやめない理由
デヴィッド・L・ユーリン／著　井上里／訳
四六判　二〇八頁
本体 1,600円＋税

読書の歴史 あるいは読者の歴史〈新装版〉
アルベルト・マングェル／著　原田範行／訳
A5判　三九六頁
本体 3,800円＋税

一四一七年、その一冊がすべてを変えた
スティーヴン・グリーンブラット／著　河野純治／訳
四六判　四〇〇頁
本体 2,200円＋税

〈価格税別〉

【著者紹介】

アレッサンドロ・マルツォ・マーニョ　Alessandro Marzo Magno

ヴェネツィア生まれ。ヴェネツィア大学でヴェネト史を専攻。週刊誌『ディアーリオ』の海外ニュース担当責任者として活躍中。おもな著書に「ゴンドラの文化史　運河をとおして見るヴェネツィア」(白水社)、*La guerra dei dieci anni. Jugoslavia 1991–2001*(10年戦争・ユーゴスラビア　1991–2001)、*Atene 1687. Venezia, i turchi e la distruzione del Partenone*(アテネ1687　ヴェネツィア、オスマントルコ、パルテノンの破壊)などがある。現在ミラノ在住。

【訳者紹介】

清水由貴子(しみず・ゆきこ)

東京都生まれ。上智大学外国語学部卒。翻訳家。おもな訳書に、セルヴェンティ、サバン『パスタの歴史』(原書房)カッリージ『六人目の少女』(早川書房)ウェイクフィールド『早送りの人生　愛につつまれた最後の日々』(ソフトバンククリエイティブ)シャーウィン『ドリーム・チーム　佐々木、イチロー、長谷川のマリナーズ 2002』(朝日新聞出版)などがある。

そのとき、本《ほん》が生《う》まれた

2013年4月8日　第1刷発行
2013年7月5日　第2刷発行

著　者　アレッサンドロ・マルツォ・マーニョ
訳　者　清水由貴子
発行者　富澤凡子
発行所　柏書房株式会社
東京都文京区本駒込1-13-14(〒113-0021)
電話(03)3947-8251(営業)
(03)3947-8254(編集)
DTP　有限会社共同工芸社
印刷・製本　共同印刷株式会社

ISBN978-4-7601-4249-1

装丁　鈴木正道（Suzuki Design）
カバー写真　© Andreas Strauss/LOOK-foto/amanaimages

参考文献

Abbiati, Scilla (a cura di), *Armeni, ebrei, greci stampatori a Venezia*, Casa editrice armena, Venezia 1989.

Alberati, Anna; Canzian, Mirella; Plebani, Tiziana; Brusegan, Marcello, *Arte della cucina e alimentazione nelle opere a stampa della Biblioteca Nazionale Marciana dal* XV *al* XIX *secolo*, Istituto poligrafico e zecca dello state, Roma 1987.

Alpago Novello, Adriano (a cura di), *Gli armeni*, Jaca Book, Milano 1986.

Amram, David, *The Makers of Hebrew Books in Italy*, Greenstone, Philadelphia 1909.

Aquilecchia, Giovanni, *Pietro Aretino e altri poligrafi a Venezia, in Storia della cultura veneta*, vol. Ⅲ, t. Ⅱ, Neri Pozza, Vicenza 1980, pp. 61–98.

Aretino, Pietro, *Sei giornate*, a cura di Giovanni Aquilecchia, Laterza, Bari 1969.

——, *Sonetti sopra i «XVI modi»*, a cura di Giovanni Aquilecchia, Salerno, Roma 2006.

Bagnasco, Orazio (a cura di), *Catalogo del fondo italiano e latino delle opere di gastronomia*, B.IN. G., Lugano 1994.

Barbier, Frédéric, *Storia del libro. Dall'antichità al* XX *secolo*, Dedalo, Bari 2004 [tit. or., *Histoire du livre*, Armand Colin, Paris 2000].

Barolini, Helen, *Aldus and His Dream Book*, Italica Press, New York 1992.

Bernstein, Jane A., *Music Printing in Renaissance Venice. The Scotto Press (1539–1572)*, Oxford University Press, New York–Oxford 1998.

——, *Print Culture and Music in Sixteenth-Century Venice*, Oxford University Press, New York–Oxford 2001.

Bertolo, Fabio Massimo, *Aretino e la stampa. Strategie di autopromozione a Venezia nel Cinquecento*, Salerno, Roma 2003.

Bevilacqua, Eugenia, *Geografi e cosmografi, in Storia della cultura veneta*, vol. Ⅲ, t. Ⅱ, Neri Pozza, Vicenza 1980, pp. 355–374.

Boorman, Stanley, *Ottaviano Petrucci. Catalogue Raisonné*, Oxford University Press, Oxford–New York 2006.

Broc, Numa, *La geografia del Rinascimento*, Edizioni Panini, Modena 1989 [tit. or., *La géographie de la Renaissance 1420–1620*, Bibliothèque Nationale, Paris 1980].

Brown, Horatio, *The Venetian Printing Press 1469–1800. An Historical Study Based Upon Documents For The Most Part Hiterto Unpublished*, John C. Nimmo, London 1891.

Calimani, Riccardo, *Storia del ghetto di Venezia*, Rusconi, Milano 1985.

Chiesa, Aulo; Pelusi, Simonetta (a cura di), *L'editoria libraria in Veneto*, Biblion, Milano 2010.

Ciriacono, Salvatore, *Scrittori d'idraulica e politica delle acque*, in *Storia della cultura veneta*, vol. Ⅲ, t. Ⅱ, Neri Pozza, Vicenza 1980, pp. 491–512.

Davico Bonino, Guido, *Lo scrittore, il potere, la maschera*, Liviana, Padova 1979.

Davies, Martin, *Aldus Manutius. Printer and Publisher of Renaissance Venice*, The British Library, London 1995.

De Roover, Edler, *Per la storia dell'arte della stampa in Italia*, «La Bibliofilìa», 55 (1953), pp. 107-115.

De Vivo, Filippo, *Information and Communication in Venice. Rethinking Early Modern Politics*, Oxford University Press, Oxford-New York 2007.

Donattini, Massimo, *Giovanni Battista Ramusio e le sue «Navigationi». Appunti per una biografia*, «Critica storica», n.s., 17 (1980), 1, pp. 55-100.

Eisenstein, Elizabeth L., *Le rivoluzioni del libro. L'invenzione della stamps e la nascita dell'età moderna*, il Mulino, Bologna 1997 [tit. or. *The Printing Revolution in Early Modern Europe*, Cambridge University Press, Cambridge 19831.

Febvre, Lucien; Martin, Henri-Jean, *La nascita del libro*, a cura di A. Petrucci, Laterza, Roma-Bari 1985 [tit. or. *L'apparition du livre*, Albin Michel, Paris 1958].

Ferdinando Ongania. La basilica di San Marco 1881-1893, a cura di Maria Da Villa Urbani e Irene Favaretto, catalogo della mostra, Museo di San Marco, Venezia 18 luglio-27 novembre 2011, Marsilio, Venezia 2011.

Fortis, Umberto, *Editoria in ebraico a Venezia*, Arsenale, Venezia 1991.

Fulin, Renato, *Documenti per servire alla storia della tipografia veneziana*, «Archivio Veneto», 23 (1882), pp. 82-212 e 390-405.

Grando, Giuliana; Monico, Bepi, *Profumi e cosmesi nella Venezia del' 500*, Centro internazionale della grafica, Venezia 1985.

Grendler, Paul F., *L'inquisizione romana e l'editoria a Venezia 1540-1605*, Il Veltro, Roma 1983 [tit. or., *The Roman Inquisition and the Venetian Press 1540-1605*, Princeton University Press, Princeton 1977].

Hale, John R., *Industria del libro e cultura militare a Venezia nel Rinascimento, in Storia della cultura veneta*, vol. III, t. II, Neri Pozza, Vicenza 1980, pp. 245-288.

Hermet, Aleramo; Cogni Ratti di Desio, Paola, *La Venezia degli armeni. Sedici secoli tra storia e leggenda*, Mursia, Milano 1993.

Kevorkian, R.H.; Mahe, J.-P. (a cura di), *Le livre arménien à travers les âges*, catalogue de l'exposition, Musée de la Marine, Marseille 2-21 octobre 1985, Maison arménienne de la jeunesse et de la culture, Marseille 1985.

Infelise, Mario, *I libri proibiti da Gutenberg all'Encyclopédie*, Laterza, Roma-Bari 1999.

—, *I Remondini di Bassano. Stampa e industria nel Veneto del Settecento*, Tassotti, Bassano 1980.

—, *Prima dei giornali. Alle origini della pubblica informazione*, Laterza, Roma-Bari 2002.

Layton, Euro, *The Sixteenth Century Greek Book in Italy. Printers and Publishers for the Greek World*, Library of the Hellenic Institutes of Byzantine and post-Byzantine studies, Venice 1994.

Lewis, Mary S., *Antonio Gardano Venetian Music Printer 1538-1569*, Garland Publishing, New York-London 1988.

Lowry, Martin, *Il mondo di Aldo Manuzio. Affari e cultura nella Venezia del Rinascimento*, Il Veltro, Roma 1984 [tit. or., *The World of Aldus Manutius. Business and Scholarship in Renaissance Venice*, Cornell University Press, Ithaca 1979].

—, *Nicolas Jenson e le origini dell'editoria veneziana nell'Europa del Rinascimento*, Il Veltro, Roma 2002 [tit. or., *Nicholas Jenson and the Rise of Venetian Publishing in Renaissance Venice*,

Basil Blackwell, Oxford 1991].

Lucchetta, Giuliano, *Viaggiatori e racconti di viaggi nel Cinquecento*, in *Storia della cultura veneta*, vol. Ⅲ, t. Ⅱ, Neri Pozza, Vicenza 1980, pp. 433-489.

Luzzatto, Sergio; Pedullà, Gabriele, *Atlante della letteratura italiana*, vol. Ⅰ, *Dalle origini al Rinascimento*, Einaudi, Torino 2010.

Manoussakas, Manosous, *Gli umanisti greci collaboratori di Aldo a Venezia (1494-1515) e l'ellenista bolognese Paolo Bombace*, Università degli studi di Bologna, Bologna 1991.

——; Staikos, Costantino (a cura di), *L'attività editoriale dei greci durante il Rinascimento italtano 1469-1523*, Ministero greco della cultura, Atene 1986.

——; Staikos, Costantino (a cura di), *Le edizioni di testi greci da Aldo Manuzio e le prime tipografe greche di Venezia*, Fondazione per la cultura greca, Atene 1993.

Mazzariol, Mariachiara (a cura di), *Ferdinando Ongania editore a San Marco*, Marsilio, Venezia 2008.

Nuovo, Angela, *Il commercio librario nell'Italia del Rinascimento*, Franco Angeli, Milano 1998.

——, *Il Corano arabo ritrovato*, «La Bibliofilìa», 89 (1987), 3, pp. 237-271. Parks, George Bruner, *Ramusio's Literary History*, «Studies in Philology», 52 (1955),2,pp.127-148.

Pelusi, Simonetta (a cura di), *Le civiltà del libro e la stampa a Venezia. Testi sacri ebraici, cristiani, islamici, dal Quattrocento al Settecento*, I1 Poligrafo, Padova 2000.

——; Scarsella, Alessandro (a cura di), *Humanistica marciana. Saggi offerti a Marino Zorzi*, Biblion, Milano 2008.

Persico, Alberto, *L'Occhio del Tempo. Otto. secoli di storia del calendario*, Persico edizioni, Cremona 2003.

Pon, Lisa; Kallendorf, Kraig (a cura di), *The Book of Venice. Il libro veneziano*, Biblioteca nazionale marciana / La musa Talìa / Oak Knoll Press, Venezia-New Castle (DE) 2008.

Ponte di Pino, Oliviero, *I mestieri del libro*, TEA, Milano 2008.

Richardson, Brian, *Printing, Writers and Readers in Renaissance Italy*, Cambridge University Press, Cambridge (UK) 1999.

Ragone, Giovanni, *Classici dietro le quinte. Storie di libri ed editori. Da Dante a Pasolini*, Laterza, Roma-Bari 2009.

Ravà, Tobia, *L'immagine proibita. L'interdetto visivo nell'arte ebraica*, tesi di laurea, Università degli studi di Bologna, a.a. 1985-1986.

Ridolfi, Roberto, *Del carattere italico aldino nel secolo* XV, «La Bibliofilìa» 55 (1953), pp.118-122.

Robilant, Andrea di, *Venetian Navigators. The Voyages of the Zen Brothers in the Far North*, Faber and Faber, London 2011.

Sabban, Francoise; Serventi, Silvano, *A tavola nel Rinascimento*, Laterza, Roma-Bari 1996.

Sartori, Claudio, *Nuove conclusive aggiunte alla « bibliografia del Petrucci »*, «Collectanea Historiae musicae», 1 (1953), pp. 175-210.

——, *Una dinastia di editori musicali. Documenti inediti sui Gardano e i loro congiunti Stefano Bindoni e Alessandro Raverii*, Olschki, Firenze 1956 (estratto da «La Bibliofilìa»).

Scapecchi, Piero, *Breve nota sull'anno di nascita, il cognome e la giovinezza di Aldo Manuzio (c. 1455-1475)*, «Miscellanea Clementina Rotondi», 1997, pp. 61-65.

Schmid, Anton, *Ottaviano dei Petrucci da Fossombrone, der erste Erfinder des Musiknotendruckes*

mit beweglichen Metalltypen, Rohrmann, Wien 1845.
Serrai, Alfredo, *Storia della bibliografia*, 6 voll., Bulzoni, Roma 1988–1995. *Venezia città del libro. Cinque secoli di editoria veneta e mostra dell'editoria italiana*, Venezia, isola di San Giorgio Maggiore, 2 settembre–7 ottobre 1973.
Vercellin, Giorgio, *Venezia e l'origine della stampa in caratteri arabi*, Il Poligrafo, Padova 2001.
Vernarecci, Auguste, *Ottaviano de' Petrucci da Fossombrone, inventore dei tipi mobili metallici fusi della musica nel secolo* XV, Romagnoli, Bologna 1882.
Westbury, Richard, *Handlist of Italian Cookery Books*, Olschki, Firenze 1953.
Wilson, Bronwen, *The World in Venice. Print, the City, and Early Modern Identity*, University of Toronto Press, Toronto–Buffalo–London 2005.
Zekiyan, Boghos Leven (a cura di), *Gli armeni in Italia*, De Luca edizioni d'arte, Roma 1990.
Zorzi, Marino, *La circolazione del libro a Venezia nel Cinquecento: biblioteche private e pubbliche*, «Ateneo Veneto», n.s., 28 (1990), pp. 117–189.
—, *La Libreria di San Marco. Libri, lettori, società nella Venezia dei Dogi*, Mondadori, Milano 1987.
— (a cura di), *La vita dei libri. Edizioni illustrate a stampa del Quattro e Cinquecento dalla Fondazione Giorgio Cini*, Edizioni della laguna, Mariano del Friuli 2003.
Žubrinić, Darko, *Croatian Glagolitic Script*, Zagreb 1995.

註

第一章　本の都、ヴェネツィア

1　Helen Barolin, *Aldu sand His Dream Book*, Italica Press, New York (NY) 1992, p.8.

2　Angela Nuovo, *Il commercio librario nell' Italia del Rinascimento*, Franco Angeli, 1998, p.161.

3　Martin Lowry, *Il mondo di Aldo Manuzio. Affari e cultura nella Venezia del Rinascimento*, Il Veltro Roma 2000, p.34.

4　Nuovo, *Il commercio...*, p.116より引用

5　同書 p.158

6　Lowry, *Il mondo...*, p.34より引用

7　Nuovo, *Il commercio...*, p.170より引用

8　同書 p.98

9　同書 p.117

10　同書 p.99

11　同書 p.148

12　Giovanni Ragone, *Classici dietro le quinte. Storie di libri ed editori.* Da Dante a Pasolini, Laterza, Roma-Bari 2009, p.43.

13　Lowry, *Il mondo...*, p.188より引用

14　Ragone, *Classici...*, p.43より引用

15　Nuovo, *Il commercio...*, p.121より引用

16　同ページ

17　Jane A. Bernstein, *Print Culture and Music in Sixteen-Century Venice*, Oxford University Press, New York-Oxford 2001, p.34.

18　Brian Richardson, Printing, Writers and Readers in Renaissance Italy, Cambridge University Press, Cambridge (UK) 1999, p.23.

19　Lowry, *Il mondo...*, p.19より引用

20　同書 p.20

21　Richardson, *Printing...*, p.19より引用

22　Lowry, *Il mondo...*, P.21より引用

23　同書 p.16

24　Lino Moretti, *Il libro veneziano nei secoli*, in *Venezia città del libro. Cinque secoli di editora veneta e mostra dell' editora italiana, Venezia*, Isola di San Giorgio Maggiore, 2 settembre-7 ottobre 1973, p.15.

25　Richardson, *Printing...*, p.25より引用

26　同書 p.27

27　Marino Zorzi, introduzione a Schilla Abbiati (a cura di), *Armeni, ebrei, greci stampatori a Venezia*, Casa editrice armena, Venezia 1989, p.17.

28　同ページ

29　Jane A. Bernstein, *Music Printing in Renaissance Venice. The Scotto Press (1539-1572)*, Oxford

University Press, New York–Oxford 1998, p.14.

30 Guido Davico Bonino, *Lo scrittore, il potere, la maschera*, Liviana, Padova 1979, p.72.

31 Ragone, *Classici*..., p.35より引用

32 同書 p.44

33 Marino Zorzi, *La circolazione del libro a Venezia nel Cinquecento: biblioteche private e pubbliche*, ≪Ateneo Veneto≫, n.s., 28（1990）, p.135.

34 同ページ

35 Zorzi, *La circolazione*..., p.129より引用

36 Lucien Febvre, Henri–Jean Martin, *La nascita del libro*, Laterza, Roma–Bari 1985, p.229.

37 Nuovo, *Il commercio*..., p.68より引用

38 Febvre, Martin, *La nascita del libro*,p.210より引用

39 同ページ

40 William Shakespeare, *Il mercante di Venezia*, tr di A. Serpieri, Garzanti, Milano 1999, p.7.

41 Nuovo, Il commricio..., p.168より引用

42 Filippo De Vivo, *Information & Communication in Venice. Rethinking Early Modern Politics*, Oxford University Press, Oxford–New York 2007, p.5.

43 Richardson, *Printing*..., p.5より引用

44 John R. Hale, *Industria del libro e cultura militare a Venezia nel Rinascimento, in Storia della cultura veneta*, vol. Ⅲ, t. Ⅱ, Neri Pozza, Vicenza 1980, p.247.

45 Ragone, *Classici*..., p.44より引用

46 Moretti, *Il libro*..., p.28より引用

47 Edler De Roover, *Per la storia dell'arte della stampa in Italia*, ≪La Bibliofilìa≫ LV(1953), p.114.

48 Nuovo, *Il commercio*..., p.76より引用

49 同ページ

50 同書 p.79

51 同書 p.184

第二章　出版界のミケランジェロ、アルド・マヌーツィオ

1 Martin Lowry, *Il mondo di Aldo Manuzio. Affari e cultura nella Venezia del Rinascimento*, Il Veltro, Roma 2000, p.43.

2 Mario Infelise, *Manuzio, Aldo, il Vecchio*, in *Dizionario biografico degli italiani*, vol. LXIX, IEI, Roma 2007, p.237.

3 Helen Barolini, *Aldus and His Dream Book*, Italica Press, New York 1992, p.6.

4 同書 p.4

5 Infelise, *Manuzio*..., p.237より引用

6 Lowry, *Il mondo*..., p.72より引用

7 同書 p.81

8 同書 p.45

9 同書 p.84

10 Infelise, *Manuzio*..., p.238より引用

11 Lowry, *Il mondo*..., p85より引用

12 Giuliano Tamani, *Edizioni ebraiche veneziane dei secoli XVI–XVII*, in Simonetta Pelusi

(a cura di), *Le civiltà del libro e la stampa a Venezia*, Il Polografo, Padova 2000, p.33.
13 Erasmo da Rotterdam, *Elogio della pazzia*, Einaudi, Torino 1964, p.83.
14 同書 p.84
15 Infelise, *Manuzio*..., p.239より引用
16 Barolini, Aldus and His Dream Book,p.91より引用
17 同ページ
18 同書 p.93
19 同書 p.94
20 同書 p.103
21 Infelise, *Manuzio*..., p.241より引用
22 Barolini, *Aldus and His Dream Book*, p.146より引用
23 Frédéric Barbier, *Storia del libro. Dall' antichità al XX secolo*, Dedalo, Bari 2004, p.182.
24 Lowry, *Il mondo*..., p.121より引用
25 同書 p.125
26 同書 p.120
27 Barolini, *Aldus and His Dream Book*, p.83より引用
28 Infelise, *Manuzio*..., p.241より引用
29 同書 p.242
30 Barolini, *Aldus and IIis Dream Book*, p.137より引用
31 Infelise, *Manuzio*..., p.243より引用
32 Lowry, *Il mondo*..., p.105の引用箇所
33 Barolini, *Aldus and His Dream Book*, p.141より引用
34 同書 p.143
35 Infelise, *Manuzio*..., p.243より引用
36 Martin Davies, *Aldus Manutius. Printer and Publisher of Renaissance Venice*, The British Library, London 1995, p.46.
37 同書 p.47
38 David Amram, *The Makers of Hebrew Books in Italy*, The Holland Press, London 1963, p.177.
39 Davies, *Aldus Manutius*, p.62より引用
40 Barolini, *Aldus and His Dream Book*, p.148より引用

第三章　世界初のタルムード

1 Riccardo Calimani, *Storia del ghetto di Venezia*, Rusconi, Milano 1985, p.16.
2 Maria Pia Pedani, *Venezia tra mori, turchi e persiani*, Vicenza, 2005, p.28.
3 同ページ
4 Amos Luzzatto, *Libri, ebrei e riti nei secoli*, in Scilla Abbiati (a cura di), *Armeni, ebrei, greci stampatori a Venezia*, Casa editrice armena, Venezia 1989, p.49.
5 Umberto Fortis, *Editoria in ebraico a Venezia*, Arsenale, Venezia 1991, p.6.
6 Calimani, *Storia*..., p.9より引用
7 Fortis, *Editoria*..., p.8より引用
8 同書 p.30
9 同ページ

10　同ページ
11　Horatio Brown, *The Venetian Printing Press 1469–1800*, John C. Nimmo, London 1891, p.105.
12　Riccardo Calimani, *Gli editori di libri ebraici a Venezia*, in Abbiati (a cura di), *Armeni*..., p.57より引用
13　同書 p.58
14　同書 p.57
15　Giuliano Tamani, *Edizioni ebraiche veneziane dei secoli XVI–XVII*, in Simonetta Pelusi (a cura di), *Le civiltà del libro e la stampa a Venezia*, Il Polografo, Padova 2000, p.30.
16　Calimani, *Gli editori*..., p.57より引用
17　Fortis, *Editoria*..., p.34より引用
18　Tamani, *Edizioni*..., p.30より引用
19　同ページ
20　Fortis, *Editoria*..., p.39より引用
21　Anna Campos, *La cultura ebraica nei libri a Venezia*, in Abbiati (a cura di), Armeni..., p.63より引用
22　Calimani, *Gli editori*..., p.57より引用
23　Michael Orbach, *My uncle, the Count of Valmadonna*, ≪The Jewish Star≫, 27 febbraio 2009.
24　Tamani, *Edizioni*..., p.33より引用
25　David Amram, *The Makers of Hebrew Books in Italy*, The Holland Press, London 1963, p.184.
26　Tamani, Edizioni..., p.33より引用
27　Calimani, Gli editori..., p.58より引用
28　Amram, The Makers..., p.195より引用
29　同書 p.196
30　同書 p.193
31　Fortis, Editoria..., p.39より引用
32　Tamani, Edizioni..., p.32より引用
33　Calimani, Gli editori..., p.59より引用
34　同ページ
35　同書 p.60
36　Fortis, Editoria..., p.42より引用
37　Calimani, Gli editori..., p.61より引用
38　同書 p.62
39　Tobia Ravà、L'immagine proibita. L'interdetto visivo nell'arte ebraica, tesi di laurea, Università degli studi di Bologna, a.a. 1985–1986, p.177.
40　Guiliano Tamani, *Il* Novo dittionario hebraico e italiano *di Leon Modena*, in *Studi in onore di Marino Zorzi*, Bertoncello arti grafiche, Cittadella 2008, p.444.
41　Giovannina Reinish Sullam, *Il libro ebraico a Venezia*, in *Venezia città del libro*, Venezia, Isola di San Giorgio Maggiore, 2settembre–7ottobre 1973, p.125.

第四章　消えたコーラン

1　Angela Nuovo, *Il Corano arabo ritrovato*, ≪La Bibliofilìa≫, LXXXIX(1987), disp. Ⅲ, settembre–dicembre, p.237.

2 Sergio Noja, *Il Corano che riappare*, ≪il Giornale≫, 3 marzo 1989, p.3.
3 Nuovo, *Il Corano*..., p.253より引用
4 同ページ
5 同書 p.256
6 同書 p.258
7 Nuovo, *Il commercio*..., p.49より引用
8 Nuovo, *Il Corano*..., p.240より引用
9 同書 p.244
10 同書 p.252
11 Giorgio Vercellin, *Venezia e le origini della stampa a caratteri arabi*, in Simonetta Pelusi (a cura di), *Le civiltà del libro e la stampa a Venezia*, Il Poligrafo, Padova 2000, p.58.
12 Horatio Brown, *The Venetian Printing Press 1469–1800*, John C. Nimmo, London 1891, p.107.
13 Nuovo, *Il Corano*..., p.249より引用
14 同書 p.250
15 同書 p.253
16 Vercellin, *Venezia*..., p57より引用
17 Nuovo, *Il Corano*..., p.253より引用
18 Vercellin, *Venezia*..., p57より引用
19 Nuovo, *Il Corano*..., p.261より引用
20 同ページ
21 Vercellin, *Venezia*..., p58より引用
22 Nuovo, *Il commercio*..., p.49より引用

第五章　アルメニア語とギリシャ語

1 Baykar Sivazliyan, *Venezia per l'Oriente: la nascita del libro armeno*, in Scilla Abbiati (a cura di), *Armeni, ebrei, greci stampatori a Venezia*, Casa editirice armena, Venezia 1989, p.23.
2 Baykar Sivazliyan, *La nascita dei primi libri a stampa armeni nel cuore della Serenissima*, in Boghos Levon Zekiyan (a cura di), *Gli armeni in Italia*, De Luca edizioni d'arte, Roma 1990, p.94.
3 同ページ
4 *Le ivre arménien à travers les âges*, Catalogue de l'exposition tenue au Musée de la Marine, Marseille 2–21 octobre 1985, Maison arméeniente de la jeunesse et de la culture, Marseille 1985, p.74.
5 Aleramo Hermet, Paola Cogni Ratti di Desio, *La Venezia degli armeni. Sedici secoli tra storia e leggenda*, Mursia, Milano 1993, p.78.
6 同書 p.45
7 Sivazliyan, *Venezia*..., p.26より引用
8 Hermet, Cogni Ratti di Desio, *La Venezia degli armeni*, p.40より引用
9 Sivazliyan, *Venezia*..., p.25より引用
10 Hermet, Cogni Ratti di Desio, *La Venezia degli armeni*, p.85より引用
11 同書 p.87
12 Sivazliyan, *Venezia*..., p.27より引用
13 Gabriella Uluhogian, *Lingua e cultura scritta*, in Adriano Alpago Novello (a cura di), *Gli*

armeni, Jaca Book, Milano 1986, p.124.
14 R.H.Ke'vorkian, *Le livre arménien imprimé*, in *Le Livre*..., p.71より引用
15 Hermet, Cogni Ratti di *Desio, la Venezia degei armeni*, p.79より引用
16 Sivazliyan, *Venezia*..., p.25、29、39より引用
17 Sivazliyan, *La nascita*..., p.94より引用
18 Hermet, Cogni Ratti di Desio, *La Venezia degei armeni*, p.81より引用
19 同ページ
20 同書 p.82
21 同ページ
22 同ページ
23 Manosous Manoussakas, *Libri greci stampati a Venezia*, in *Venezia città del libro*, Venezia, Isola di San Giorgio Maggiore, 2 ettembre−7 ottobre 1973, p.31.
24 Despina Vlassi Sponza, *I greci a Venezia: una presenza costante nell'editoria (secc.XV−XX)*, in Abbiati (a cura di), Armeni..., p.77より引用
25 Manosous Manoussakas, Constantino Staikos (a cura di), *L'attività editoriale dei greci durante il Rinascimento italiano 1469−1523*, Ministero greco della cultura, Atene 1986, p.5
26 Vlassi Sponza, *I greci*..., p.71より引用
27 同書 p.73
28 同書 p.74
29 同書 p.77
30 Manoussakas, *Libri greci*..., p.93より引用
31 Manoussakas, Staikos (a cura di), *L'attivita*..., p.127より引用
32 Zorzi, *La circolazione*..., p.133より引用
33 Manoussakas, Staikos (a cura di), *L'attivita*..., p.127より引用
34 Vlassi Sponza, *I greci*..., p.71より引用
35 Manoussakas, Staikos (a cura di), *L'attivita*..., p.130より引用
36 Manoussakas, *Libri greci*..., p.90より引用
37 Vlassi Sponza, *I greci*..., p.79より引用
38 Manoussakas, Staikos (a cura di), *L'attivita*..., p.102より引用
39 Horatio Brown, *The Venetian Printing Press 1469−1800*, John C. Nimmo, London 1891, p.46.
40 Manosous Manoussakas, Costantino Staikos (a cura di), *Le edizioni di testi greci da Aldo Manuzio e le prime tipografie greche di Venezia*, Fondazione per la cultura greca, Atene 1993, p.82.
41 同ページ
42 Vlassi Sponza, *I greci*..., p.79より引用
43 Reinhard Flogaus, *Aldus Manutius and the printing of Greek liturgical texts*, in Lisa Pon, Kraig Kallendorf (a cura di), *The Books of Venice. Il libro veneziano*, Biblioteca nationale marciana/La musa Talìa/Oak Knoll Press, Venezia−New Castle 2008, p.230.
44 同書 p.229
45 Vlassi Sponza, *I greci*..., p.80より引用
46 同ページ
47 Simonetta Pelusi (a cura di), *Le civiltà del libro e la stampa a Venezia*, Il Poligrafo, Padova 2000, p.24.

第六章　東方の風

1　Simonetta Pelusi (a cura di), *Il libro liturgico veneziano per serbi e croati fra Quattro e Cinquecento*, in Ead. (a cura di), *Le civiltà del libro e la stampa a Venezia*, Il Poligrafo, Padova 2000, p.43.

2　Pelusi, *Il libro*..., p.44より引用

3　Darko Žubrinić, *Croatian Glagolitic Script*, Zagreb 1995.

4　Pelusi, *Il libro*..., p.45より引用

5　同ページ

6　同ページ

7　同ページ

8　同ページ

9　同書 p.46

10　同書 p.48

11　Lazar Plavšić, *Srpske štamparije od kraja XV do sredine XIX veka*, Beograd 1959, p.220; riportato e tradotto da Persida Lazarević Di Giacomo, *La letteratura serba ≪in esilio≫ a Venezia tra la fine del' 700 e L' inizio dell' 800*, ≪PaginaZeroLetterature di frontiera≫, 9（2006）.

第七章　世界と戦争

1　Andrea di Robilant, *Venetian Navigators. The Voyages of the Zen Brothers to the Far North*, Faber and Faber, London 2011, p.182.

2　George Bruner Parks, *Ramusio' s Literary History*, ≪Studies in Philology≫, 52(1955), 2, p.127.

3　Massimo Donattini, *Giovanni Battista Ramusio e le sue ≪Navigationi≫. Appunti per una biografia*, ≪Critica storica≫, 1980-1981, p79.

4　Eugenia Bevilacqua, *Geografi e cosmografi*, in *Storia della cultura veneta*, vol. Ⅲ, t. Ⅱ, Neri Pozza, Vicenza 1980, p.356.

5　同書 p.364

6　同書 p.359

7　同ページ

8　同書 p.360

9　同ページ

10　Numa Broc, *La geografia del Rinascimento*, Edizioni Panini, Modena 1989, p.17.

11　Giuliano Lucchetta, *Viaggiatori e racconti di viaggi nel Cinquecento*, in *Storia della cultura veneta*, vol. Ⅲ, t. Ⅱ, Neri Pozza, Vicenza 1980, p.435.

12　Broc, *La geografia del Rinascimento*, p.17より引用

13　同ページ

14　同書 p.19

15　Donattini, *Giovanni Battista Ramusio*, p.71より引用

16　同ページ

17　Borc, *La geografia del Rinascimento*, p.21より引用

18　Myriam Billanovich, *Bordon (Bordone), Benedetto*, in *Dizionario biografico degli italiani*, vol. XII, IEI, Roma 1970, p.511.

19　Donattini, *Giovanni Battista Ramusio*, p.69より引用

20 Donattini, *Giovanni Battista Ramusio*, p.76より引用
21 Marica Milanesi, Introduzione a Giovanni Battista Ramusio, *Navigazioni e Viaggi*, Einaudi, Torino 1978, p.XV.
22 Lucchtta, *Viaggiatori*..., p.483より引用
23 Bevilacqua, *Geografi e cosmografi*, p.372より引用
24 Milanesi, Introduzione..., p.XVIより引用
25 Lucchtta, *Viaggiatori*..., p.489より引用
26 Donattini, *Giovanni Battista Ramusio*, p.79より引用
27 Milanesi, Introduzione..., p.XVIIより引用
28 同書 p.XIX
29 Donattini, *Giovanni Battista Ramusio*, p.85より引用
30 Lucchetta, *Viaggiatori*..., p.486より引用
31 Milanesi, Introduzione..., p.XXVより引用
32 Donattini, *Giovanni Battista Ramusio*, p.58より引用
33 同書 p.59
34 同書 p.61
35 Broc, *La geografia del RInascimento*, p.26より引用
36 Milanesi, Introduzione..., p.XXVより引用
37 同ページ
38 同書 p.XXII
39 Bevilacqua, *Geografi e cosmografi*, p.365より引用
40 同ページ
41 同ページ
42 Milanesi, Introduzione..., p.XXIより引用
43 Bevilacqua, *Geografi e cosmografi*, p.372より引用
44 Donattini, *Giovanni Battista Ramusio*, p.100より引用
45 John R. Hale, *Industria del libro e cultura militare a Venezia nel Rinascimento,* in *Storia della cultura veneta*, p.266より引用
46 同書 p.267
47 同ページ
48 同ページ
49 同書 p.268
50 同書 p.245
51 同ページ
52 同書 p.246
53 同ページ
54 同書 p.261
55 同書 p.275
56 同ページ
57 同書 p.274
58 同書 p.266
59 同ページ

60　同書 p.276
61　同書 p.277
62　同書 p.279
63　同書 p.260
64　同ページ

第八章　楽譜の出版

1　Agostino Vernarecci, *Ottaviano de' Petrucci da Fossombrone, inventore dei tipi mobili metallici fusi della musica nel secolo XV*, Romagnoli, Bologna 1882, p.38.
2　Jane A. Berstein, *Print, Culture, and Music in Sixteenth-Century Venice*, Oxford University Press, New York-Oxford 2001, p.115.
3　同書 p.140
4　Mary S. Lewis. *Antonio Gardano Venetian Music Printer 1538-1569*, Garland Publishing, New York-London 1988, p.4
5　Franco Mariani, *I cinquecento anni della stampa della muzsica a caratteri mobili*, Civitanova marche 2001.
6　Bernstein, *Print*..., p.20より引用
7　同ページ
8　Stanley Boorman, *Ottaviano Petrucci. Catalogue Raisonné* Oxford University Press, Oxford-New York 2006. p.3.
9　同書 p.7
10　Vernarecci, *Ottaviano*..., p.29より引用
11　Boorman, *Ottaviano Petrucci*..., p.27より引用
12　同書 p.33
13　Mariani, *I cinquecento anni*...より引用
14　Lewis, *Antnio Gardano*..., p.5より引用
15　Mariani, *I cinquecento anni*...より引用
16　Bernstein, *Print*..., p.20より引用
17　同書 p.21
18　Lewis, Antnio *Gardano*..., p.5より引用
19　Renato Fulin, *Documenti per servire alla storia della tipografia veneziana*, ≪Archivio Veneto≫, 23(1882), p.86.
20　Mariani, I cinquecento anni...,より引用
21　同ページ
22　Bernstein, *Print*..., p.21より引用
23　Lewis, *Antnio Gardano*..., p.6より引用
24　Bernstein, Print..., p.22より引用
25　Lewis, *Antonio Gardano*..., p.6より引用
26　同書 p.7
27　同書 p.13
28　Bernstein, *Print*..., p.22より引用
29　同書 p.116

30 Jane A. Bernstein, *Music Printing in Renaissance Venice*. Oxford University Press, New York-Oxford 1998, p.4.

31 Bernstein, *Print*..., p.128より引用

32 同書 p.12

33 Claudio Sartoei, *Una dinastia di editori musicali. Documenti inediti sui Gardano e i loro congiunti Stefano Bindoni e Alessandro Raverii*, Olschki, Firenze 1956 (Estratto da ≪La Bibliofilía≫), p.178.

34 Pietro Aretino, *Lettere, in Opere di Folengo, Aretino, Doni*, tomo Ⅱ, Ricciardi, Milano-Napoli 1976, p.546.

35 Bernstein, *Print*..., p.80より引用

36 同書 p.75

37 同書 p.100

38 Brian Richardson, *Printing, Writers and Readers in Renaissance Italy*, Cambridge University Press, Cambridge (UK) 1999, p.65.

39 Satori, *Una dinastia*..., p.177

40 Lewis, *Antonio Gardano*..., p.33より引用

41 Lewis, *Antonio Gardano*..., p.32より引用

42 Bernstein, *Print*..., p.85より引用

43 同書 p.87

44 同書 p.88

45 同書 p.90

第九章　体のケア――医学、美容術、美食学

1 Enrico Pispisa, *Bruno da Longobucco*, in *Dizionario biografico degli italiani*, vol. XIV, IEI, Roma 1972, p.644.

2 Graziella Federici Vescovini, *Guglielmo da Saliceto*, in *Dizionario biografico degli italiani*, vol. LXI, IEI, Roma 2003, p.33.

3 Mario Crespi, *Argellata, Pietro*, in *Dizionario biografico degli italiani*, vol. IV, IEI, Roma 1962, p.114.

4 Giuliano Lucchetta, *Viaggiatori e racconti di viaggi nel Cinquecento*, in *Storia della cultura veneta*, vol. Ⅲ, t. Ⅱ, Neri Pozza, Vicenza 1980, p.433.

5 Mario Crespi, *Benedetti Alessandro*, in *Dizionario biografico degli italiani*, vol. VIII, IEI, Roma 1966, p.245.

6 Giuseppe Ongaro, *Mercuriale, Girolamo*, in *Dizionario biografico degli italiani*, vol. LXXIII, IEI, Roma 2009, p.620.

7 Brian Richardson, *Printing, Writers and Readers in Renaissance Italy*, Cambridge University Press, Cambridge (UK) 1999, p.66.

8 Cesare Preti, *Mattioli (Matthioli), Pietro Andrea*, in *Dizionario biografici degli italiani*, vol. LXXII, IEI, Roma 2009, p.308.

9 Giuliana Grando, Bepi Monico, *Profumi e cosmesi nella Venezia del'500*, Cento internazionale della grafica, Venezia 1985, p.10.

10 Marco Palma, *Celebrino, Eustachio*, in *Dizionario biografico degli italiani*, vol. XXIII, IEI, Roma 1979, p.361.

11 同ページ

12 Grando, Monico, *Profumi e cosmesi*..., p.10より引用

13 Françoise Sabbam, Silvano Serventi, *A tavola nel Rinascimento*, Laterza, Roma-Bari 1996, p.15.

14 Orazio Bagnasco, *Prefazione*, in *Catalogo del fondo italiano e latino delle opere di gastronomia*, B.IN.G., Lugano 1994, p.6.

15 同ページ

16 同書 p.7

17 同ページ

18 Richard Westbury, *Handlist of Italian Cookery Books*, Olschki, Firenze 1963, p.XIII.

19 Anna Alberati, Mirella Canzian, Tiziana Plebani, Marcello Brusegan, *Arte della cucina e alimentazione nelle opere a stampa della Biblioteca Nazionale Marciana dal XV al XIX secolo*, Istituto poligrafico e zecca dello stato, Roma 1987, p.XI

20 同ページ

21 同書 p.XII

22 Sabban, Serventi, *A tavola*..., p.20より引用

23 Alberati, Canzian, Plebani, Brusegan, *Arte della cucina*..., p.XIIより引用

24 Sabban, Serventi, *A tavola*..., p.47より引用

25 Westbury, *Handlist*..., p.24より引用

第十章　ピエトロ・アレティーノと作家の誕生

1 Fabio Massimo Bertolo, *Aretino e la stampa. Strategie di autopromozione a Venezia nel Cinquecento*, Salerno, Roma 2003, p.12.

2 Giovanni Aquilecchia, *Pietro Aretino e altri poligrafi a Venezia*, in *Storia della cultura veneta*, vol. Ⅲ, t. Ⅱ, Neri Pozza, Vicenza 1980, p.62.

3 Giuliano Innamorati, *Aretino, Pietro*, in *Dizionario biografico degli italiani*, vol. IV, IEI, Roma 1962, p.92.

4 同書 p.96

5 Aquilecchia, *Pietro Aretino*..., p.71より引用

6 Guido Davico Bonino, *Lo scrittore, il potere, la maschera*, Liviana, Padova 1979, p.64.

7 同書 p.66

8 Bertolo, *Aretino e la stampa*..., p.16より引用

9 Pietro Aretino, *Sonetti sopra i ≪XVI modi≫*, a cura di Giovanni Aquilecchia, Salerno, Roma 2006.

10 Davico Bonino, *Lo scrittore*..., p.68より引用

11 Gianfranco Folena, Introduzione a Pietro Aretino, *Sei giornate*, Laterza, Bari 1969.

12 Davico Bonino, *Lo scrittore*..., p.71より引用

13 Innamorati, *Aretino, Pietro*, p.98より引用

14 Aquilecchia, *Pietro Aretino*..., p.74より引用

15 Innamorati, *Aretino, Pietro*, p.98より引用

16 Davico Bonino, *Lo scrittore*..., p.84より引用

17 同書 p.80

18　Bertolo, *Aretino e la stampa*..., p.18より引用
19　Davico Bonino, *Lo scrittore*..., p.81より引用
20　Bertolo, *Aretino e la stampa*..., p.13より引用
21　同書 p.14
22　同書 p.23
23　同書 p.22
24　同書 p.25
25　同書 p.28
26　同書 p.29

第十一章　衰退、最後の役割、終焉

1　Mario Infelise, *Prima dei giornali. Alle origini della pubblica informazione*, Laterza, Roma-Bari 2002, p.80.
2　Paul F. Grendler, *L'inquisizione romana e l'editoria Venezia 1540-1605*, Il Veltro, Roma 1983, p.131.
3　Marino Zorzi, Introduzione a Simonetta Pelusi (a cura di) *Le civiltà del libro e la stampa a Venezia. Testi sacri ebraici, cristiani, islamici, dal Quattrocento al Settecento*, Il Poligrafo, Padova 2000, p.22.
4　同ページ
5　Grendler, *L'inquisizione romana*..., p.138より引用
6　同書 p.163
7　Brian Richardson, *Printing, Writers and Readers in Renaissance Italy*, Cambridge University Press, Cambridge (UK) 1999, p.46.
8　Zorzi, Introduzione..., p.22より引用
9　Grendler, *L'inquisizione romana*..., p.320より引用
10　同書 p.193
11　同書 p.200
12　同書 p.323
13　同書 p.328
14　Infelise, *Prima dei giornali*..., p.79より引用
15　同書 p.86
16　同書 p.126
17　同書 p.128
18　同書 p.131
19　同ページ
20　同書 p.132
21　同書 p.133
22　Eugenia Bevilacqua, *Geografi e cosmografi*, in *Storia della cultura veneta*, vol.Ⅲ, t.Ⅱ, Neri Pozza, Vicenza 1980, p.373.
23　Mario Infelise, *I Remondini di Bassano. Stampa e industria nel Veneto del Settecento*, Tassotti, Bassano 1980, p.77.
24　同書 p.102

25　同書 p.72
26　同書 p.107
27　同書 p.110
28　同書 p.111
29　同書 p.112
30　同書 p.103
31　Matthias Kappler, *La stampa≪caramanlidica≫*, in Pelusi (a cura di) *Le civilita del libro*..., p.65より引用
32　同書.67
33　Gabriella Uluhogian, *Lingua e cultura scritta*, in Alpago Noveli, *Gli armeni*..., p.124より引用
34　Vahan Ohanian, *La Bibbia armena dell'abate Mechitar*, in Pelusi (a cura di), *Le civilita del libro*..., p.95より引用
35　Mariachiara Mazzariol (a cura di), *Ferdinando Ongania editore a San Marco*, Marsilio, Venezia 2008, p.10.
36　Cesare De Michelis, *Ferdinando Ongania editore a Venezia*, in *Ferdinando Ongania. La basilica di San Marco 1881-1893*, Marsilio, Venezia 2011. p.25.
37　Mazzariol, *Ferdinando Ongania*..., p.12より引用
38　De Michelis, *Ferdinando Ongania*..., p.26より引用
39　同書 p.27